Helmut Eirund | Ullrich Kohl

Datenbanken – leicht gemacht

Informatik & Praxis

Herausgegeben von
Prof. Dr. Helmut Eirund, Hochschule Bremen
Prof. Dr. Herbert Kopp, Fachhochschule Regensburg
Prof. Dr. Axel Viereck, Hochschule Bremen

Anwendungsorientiertes Informatik-Wissen ist heute in vielen Arbeitszusammenhängen nötig, um in konkreten Problemstellungen Lösungsansätze erarbeiten und umsetzen zu können. In den Ausbildungsgängen an Universitäten und vor allem an Fachhochschulen wurde dieser Entwicklung durch eine Integration von Informatik-Inhalten in Sozial-, wirtschafts- und ingenieurwissenschaftliche Studiengänge und durch Bildung neuer Studiengänge – z. B. Wirtschaftsinformatik, Ingenieurinformatik oder Medieninformatik – Rechnung getragen.

Die Bände der Reihe wenden sich insbesondere an die Studierenden in diesen Studiengängen, aber auch an Studierende der Informatik und stellen Informatik-Themen didaktisch durchdacht, anschaulich und ohne zu großen „Theorie-Ballast" vor.

Die Bände der Reihe richten sich aber gleichermaßen an den Praktiker im Betrieb und sollen ihn in die Lage versetzen, sich selbständig in ein in seinem Arbeitszusammenhang relevantes Informatik-Thema einzuarbeiten, grundlegende Konzepte zu verstehen, geeignete Methoden anzuwenden und Werkzeuge einzusetzen, um eine seiner Problemstellung angemessene Lösung zu erreichen.

www.viewegteubner.de

Helmut Eirund | Ullrich Kohl

Datenbanken – leicht gemacht

Ein Arbeitsbuch für Nicht-Informatiker

3., überarbeitete und erweiterte Auflage

STUDIUM

**VIEWEG+
TEUBNER**

Bibliografische Information der Deutschen Nationalbibliothek
Die Deutsche Nationalbibliothek verzeichnet diese Publikation in der
Deutschen Nationalbibliografie; detaillierte bibliografische Daten sind im Internet über
<http://dnb.d-nb.de> abrufbar.

Prof. Dr. rer. nat. Helmut Eirund
Geboren 1959 in Gelsenkirchen-Buer. Von 1978 bis 1985 Studium der Informatik an der Universität
Kiel. Von 1985 bis 1988 Mitarbeiter und später Projektleiter im Forschungsbereich der TA Triumph-
Adler AG, Nürnberg. Von 1988 bis 1992 Mitarbeiter im wissenschaftlichen Dienst der Fachbereiche
Informatik der Universität Oldenburg. 1991 Promotion in Informatik. 1992 Mitarbeiter bei OFFIS e.V.
(Oldenburger Forschungs- und Entwicklungsinstitut für Informatik-Systeme und Werkzeuge). 1994
Professor an der Hochschule Harz (Wernigerode). Seit 2001 Professor für Medieninformatik an der
Hochschule Bremen.

Dipl.-Wirtsch.-Inform. Ullrich Kohl
Studium der Wirtschaftsinformatik an der Hochschule Harz von 1993 bis 1997. Danach Projektleiter
in der Software Entwicklung im Automotive Bereich. Von 2001 bis 2008 Lehrbeauftragter an der Fachhochschule Braunschweig-Wolfenbüttel im Fachbereich Wirtschaft u. a. für das Themengebiet Datenbanken. Seit 2006 Projektmanager beim Chief Technology Officer der Volkswagen AG, Wolfsburg.

1. Auflage 2000
2. Auflage 2003
3., überarbeitete und erweiterte Auflage 2010

Alle Rechte vorbehalten
© Vieweg+Teubner | GWV Fachverlage GmbH, Wiesbaden 2010

Lektorat: Ulrich Sandten | Kerstin Hoffmann

Vieweg+Teubner ist Teil der Fachverlagsgruppe Springer Science+Business Media.
www.viewegteubner.de

Umschlaggestaltung: KünkelLopka Medienentwicklung, Heidelberg

Gedruckt auf säurefreiem und chlorfrei gebleichtem Papier.

ISBN 978-3-8348-0987-2

Vorwort

Dieses Buch richtet sich an Studierende und Praktiker[1] in einem *Nicht-Informatik-Berufsfeld*. Um diese Einführung einfach und kompakt zu halten, haben wir auf technische Details, Fachbegriffe und Spezialprobleme verzichtet – auch wenn es manchmal schwer fiel, das Wissen über „schöne" Konzepte und Lösungsansätze in der Datenbankwelt zurückzuhalten. Statt dessen wird für Interessierte auf weitergehende und leicht zugängliche Literatur verwiesen.

Das Buch soll auch ungeübte Nutzer in die Lage versetzen, eigene Datenbankanwendungen zu erstellen. Anhand eines *durchgehenden Beispiels* werden grundlegende Vorteile von Datenbanken erläutert und die Schritte des Entwurfsprozesses entwickelt. „*Kochrezepte*" am Ende eines jeden Abschnitts fassen diesen Prozess zusammen. Die Inhalte des Buches können unabhängig von den einzelnen, auf dem Markt erhältlichen Datenbank-Management-Systemen (DBMS) erarbeitet werden.

Durch die *Übungsteile* am Ende eines jeden Kapitels wird der Leser in die Lage versetzt, das eigene Verständnis des Kapitels zu prüfen und eigene Datenbanken unabhängig vom DBMS, vom Anwendungsgebiet und vom Datenumfang zu konzipieren.

Dieses Buch kann kein Handbuch für das DBMS „xyz" sein. Trotzdem soll es aber zur besseren Veranschaulichung der Umsetzung beispielhafte Realisierungsvorschläge machen. Dazu benutzen wir zwei weitverbreitete DBMS, die gleichzeitig ein großes Spektrum an Systemen abdecken und für diese hier stellvertretend genutzt werden: Mit Microsoft©-Access nutzen wir ein typisches PC-Datenbanksystem, das zwar einige klassische DBMS - Mechanismen vernachlässigt, aber eine für Einsteiger einfach zu bedienende grafische Benutzungsschnittstelle aufweist. Daneben stellen wir auf der zugehörigen Website Beispiele, die in einem Datenbanksystem mittelgroßer Datentechnik genutzt werden, zur Verfügung. Die Autoren nutzten hierzu das Open-Source Datenbankmanagementsystem MySQL.

---

[1] Da natürlich Praktiker und Praktikerinnen, Nutzerinnen und Nutzer, Leserinnen und Leser etc. angesprochen sind, werden wir im weiteren Text beide Formen benutzen – im Sinne des Leseflusses aber nicht alternativ nebeneinander.

6

Die im Buch angebotenen SQL-Skripte orientieren sich am gängigen Standard. Eine Anpassung an aktuelle Datenbankmanagementsysteme, die unterschiedliche Dialekt unterstützen, kann jedoch notwendig sein. Die in diesem Buch eingeführten gängigen Konzepte finden sich aber auch in allen PC-DBMS wieder.

Um dem Nutzer bei der eigentlichen Implementierung (d. h. der Umsetzung der Konzepte in eine reale Datenbank) zu unterstützen, sind im Anhang *Lösungen* zu den Übungsfragen und Aufgaben zu finden. Auf der Webseite zu diesem Buch findet der Leser unter **http://www.nivo.de/dbleicht/3/index.html** Beispieldatenbanken, die mit Microsoft©-Access und auch MySQL genutzt werden können. Diese Datenbanken dienen dem Selbststudium und auch Grundlage zur Lösung der Aufgaben in Kapitel 6.

Abschließend sei allen Helferinnen und Helfern an dieser Stelle herzlich gedankt, die uns mit Ihren Verbesserungsvorschlägen und Anregungen zu einer Erweiterung in der 3. Auflage bewegt haben.

Oldenburg/Goslar, im Dezember 2009

Helmut Eirund, Ullrich Kohl

Inhalt

8

1   Einleitung

Warum nutzen wir Datenbanken? Dieses Kapitel gibt Auskunft über die wesentlichen Vorteile beim Einsatz von Datenbanken und führt in das Beispielszenario ein, das durchgehend in diesem Buch verwendet wird.

Mehr Daten effizienter verwalten in Datenbanken

Die Datenmengen sowohl in einem Unternehmen als auch im privaten Bereich nehmen zu. Der wachsende Zeit- und Konkurrenzdruck erfordert eine steigende Effizienz im Umgang mit diesen Daten. Notwendig sind Werkzeuge, die effizientes Speichern und Arbeiten möglich machen. Das Speichern und manuelle Zusammenführen von Daten verschiedener Karteikarten genügt den heutigen Anforderungen an eine moderne Datenhaltung schon lange nicht mehr. Datenbank-Managementsysteme (DBMS) sind die benötigten Werkzeuge, die ein schnelles Suchen und Ändern sowie eine flexible Verknüpfung von Daten ermöglichen. Weiterhin bieten sie die systematische Auswertung und Berechnung der gesammelten Daten an. Auch die Überprüfung von Korrektheit und Fehlmanipulationen der Daten gehören zu ihrem Leistungsspektrum.

Das DBMS ist das Werkzeug, die Datenbank eine Anwendung

Im Gegensatz zu anderen, dem Leser vertrauten „Office-Anwendungen" erfordert das Speichern von Informationen mit Unterstützung eines DBMS zunächst einmal die Erstellung einer Struktur, die diese Informationen aufnehmen kann. Die Implementierung dieser Struktur nennen wir Datenbank (DB), und das DBMS stellt die Funktionen zum Erstellen und Arbeiten mit der Datenbank zur Verfügung. Es ist somit als „Werkzeug" für die Datenbank zu verstehen.

Mittlerweile haben sich so genannte „Relationale Datenbank-Managementsysteme" am Markt weitgehend durchgesetzt. Wir wollen deshalb im folgenden stets unter dem Begriff „Datenbank" eine Datenbank vom relationalen Typ verstehen. Unter einer relationalen Datenbank wird eine bestimmte Zuordnung von Werten zu Eigenschaften der Anwendung verstanden. Diese Zuordnungen können in Tabellen besonders günstig dargestellt werden. Daher bildet das „Arbeiten mit Tabellen" das Kernstück einer relationalen Datenbank.

Wir wollen die Vorgehensweise zur Konzeption einer Datenbank im gesamten Buch an einem durchgängigen Beispiel erläutern: einer Reisevermittlung. Nach einer groben Umschreibung der betriebswirtschaftlichen Problemstellung im folgenden Abschnitt wird diese in jedem der folgenden Kapitel verfeinert. Eine Anpassung an andere Problemstellungen wie Verkauf von beliebigen Artikeln oder Dienstleistungen, aber auch an den privaten Bereich ist natürlich möglich, indem wir beispielsweise eine Reise als einen Artikel bzw. eine Dienstleistung und die Buchung als Kauf betrachten.

Relationale DB organisieren alle Daten in Tabellenform

1.1 Das Arbeits-Szenario „Reisebüro"

Ein Reisebüro mit 20 Mitarbeitern in einer Stadt mit 50.000 Einwohnern dient als Vermittler von Reisen der unterschiedlichsten Art. Es bedient sich dabei des Angebots verschiedener Reiseveranstalter aus dem In- und Ausland. Seine Mitarbeiterinnen führen Kundenberatungen in den Räumen des Unternehmens durch. Hier erfolgt auch eine eventuelle Buchung von Reisen. In unserem Beispiel gehen wir davon aus, dass bisher die Speicherung der Daten wie Reise-, Umsatz- und Personaldaten auf Karteikarten und in manuell ausgefüllten Buchungsbelegen erfolgte. Dieses unbefriedigende System soll jetzt durch den Einsatz einer Datenbank ersetzt und verbessert werden. Die Unternehmensleitung verspricht sich hierdurch eine effizientere Datenbearbeitung.

Die Reise-vermittlung als durchgehendes Beispiel

Das Beispiel wird kapitelweise zu einer kompletten Datenbank-Anwendung entwickelt. Die Beispiele aus den Kapiteln, aber auch die Übungen beziehen sich jeweils auf dieses Szenario.

Das Vermitteln von Reisen in einer Reisebüroanwendung ist natürlich nur eine von vielen möglichen Beispielanwendungen. Andere Szenarien, die ähnliche Datenstrukturen aufweisen können, sind z. B. Verkauf von Produkten, Einkaufs- und Lagerbuchhaltung, Verwaltung von Produktionsplanungsdaten, Verleih von Büchern oder Fahrzeugen, Verwaltung von Belegungsplänen in Hochschulen und vieles mehr.

1.2   Arbeiten mit diesem Buch

In diesem Buch werden wir vor jedem neuen Abschnitt die Problemstellung darstellen, danach eine Methode zur Lösung anbieten und dann die Umsetzung in der Beispiel-Datenbank diskutieren. Eine Zusammenfassung und Übungen, die sich auf das Gesamtbeispiel beziehen, schließen jeden Abschnitt ab. Lösungen finden sich im Anhang.

Zum Abschluss dieses Buchs stellen wir noch eine Menge an Übungsaufgaben zum Umgang mit der Programmiersprache SQL und zur Modellierung von Datenbanken zur Verfügung. Die Lösungen für diese Aufgaben sowie Beispieldatenbanken sind im World Wide Web unter **http://www.nivo.de/dbleicht/3/index.html** zu finden. Hier finden Sie auch weitere Informationen und ggf. Aktualisierungen zu diesem Buch.

2 Datenbankentwurf – die ersten Schritte

Ziel dieses Kapitels ist es, die ersten Schritte eines Datenbankentwurfs zu veranschaulichen. Diese bestehen daraus, eine modellhafte Abbildung des relevanten Anwendungsumfeldes zu entwickeln. Ein Modell ist eine vereinfachte Darstellung bzw. Beschreibung eines Ausschnitts aus der Realität. Im Modell wird auf unwesentliche Informationen verzichtet, somit die Sicht auf komplexe Zusammenhänge erleichtert oder das Arbeiten hiermit ermöglicht.

In diesem Kapitel werden Objekte der Problemstellung erkannt, analysiert und für die Erstellung des Datenbankmodells beschrieben. Am Ende des Kapitels können die zentralen Begriffe Tabelle, Datensatz, Attribut und Eindeutigkeit von Datensätzen eingeordnet und modelliert werden.

Grundlage unserer ersten Betrachtung ist die bekannte Datenspeicherung in Karteikästen. Diese wollen wir mit dem Aufbau einer Datenbank vergleichen. Unser Beispiel - das Reisebüro *FarAway* - hat für jeden Reiseveranstalter eine Karteikarte angelegt. Diese beinhaltet u. a. die Reiseveranstalterbezeichnung, die Adresse und die Reiseveranstalternummer, die als 'Reiter' das eindeutige Merkmal der einzelnen Karte ist. Die Karteikarten sämtlicher Reiseanbieter liegen in einem Karteikasten mit der Beschriftung „Reiseveranstalter". Neben den Karteikästen „Reiseveranstalter" besitzt *FarAway* weitere Karteikästen. Alle Karteikästen, so z. B. die der Kunden, Reisen, usw., werden in einem Aktenschrank aufbewahrt.

Der Kartei-kasten als Datenbank-Metapher

Ähnlich verhält es sich mit der Datenspeicherung in einer relationalen Datenbank. Hier werden die Daten zu einem Objekt, im Beispiel etwa eines Reiseanbieters, in so genannten Datensätzen gespeichert. Ein

Datensatz ist eine in Felder aufgeteilte Zeile, die Informationen über ein bestimmtes Objekt speichert.

Datensätze setzen sich somit aus Feldern wie z. B. Adresse oder Name zusammen. Die einmalige, identifizierende Reiseveranstalternummer ist ebenfalls ein Feld. Solche eindeutig indentifizierenden Felder werde Primärschlüssel genannt. Alle Reiseanbieter-Datensätze werden in einer Tabelle mit der Bezeichnung „Reiseanbieter" gespeichert. Mehrere Tabellen für unterschiedlich strukturierte Daten sind in einer Datenbank gespeichert.

Abb. 1 zeigt einen Vergleich der beiden Systeme Karteikasten und Datenbank.

Karteisystem	Datenbank
Aktenschrank	Datenbank
Karteikasten	Tabelle
Karteikarte	Datensatz
Feld	Attribut
„Reiter"	Primärschlüssel

Abb. 1: Vergleich Karteisystem - Datenbank

Am Anfang einer Datenbanklösung steht eine „gute" Beschreibung der zugrunde liegenden Datenstrukturen (Datenmodell)

So weit so gut, können Sie sich jetzt sagen. Dann übernehme ich meine Karteikasten Struktur und beende das Lesen an diesem Punkt. Hiervor können wir nur eindringlich warnen, denn es gibt sehr wohl Besonderheiten bei Datenbankentwürfen, und man sollte bei dem Entwurf einer Datenbank immer die Chance nutzen, die Datenstrukturen zu überprüfen und zu verbessern.

Beginnen wir nun mit dem Entwurf von Tabellen, d. h. Schablonen für die Datensätze mit ihren Feldern.

Aus unserer Erfahrung kann der Tabellenentwurf ungeübten Personen große Schwierigkeiten bereiten. Der folgende Abschnitt beschreibt ein systematisches Vorgehen beim Tabellenentwurf als „Kochbuch".

2.1 Tabellenentwurf

2.1.1 Modellierung

Der erste Schritt bei der Modellierung der Daten für eine Datenbank besteht in der Definition des relevanten Problemumfeldes. Das bedeutet, im Vordergrund steht zuerst die Frage, welche Informationen der Realität in der Anwendung benötigt werden.

Diese Informationen sind typischerweise

Am Anfang steht die Suche nach möglichen Tabellen: die „Subjekte" der Anwendung

- *Individuen (z. B. Mitarbeiter/Mitarbeiterinnen)*

- *reale Objekte (z. B. Reise)*

- *abstrakte Konzepte (z. B. Abteilungen) und*

- *Ereignisse (z. B. Reisebuchung, Bezahlung).*

Als Beispiel sei der Mitarbeiter *Meier* oder die Abteilung *Controlling* genannt. Diese Informationsobjekte werden als *Entity* bzw. *Entities* (engl.: Wesen, Einheit) bezeichnet. Gleichartige Informationsobjekte werden zusammengefasst und mit einem Namen versehen. Man spricht dann von einem *Entitytypen*. Aus den Entities Meier, Schulze, Müller, usw. entsteht somit der Entitytyp Mitarbeiter. Diese Entitytypen werden in relationalen Datenbanken als Tabellen gespeichert. Im von uns zu erstellenden Modell werden Entitytypen üblicherweise als Rechtecke visualisiert und mit ihrer Bezeichnung überschrieben (siehe Abb. 2).

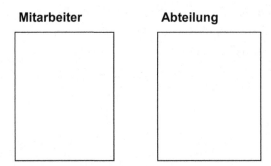

Mitarbeiter

Abteilung

Abb. 2: Darstellung von Entitytypen

Zurück zu unserem Beispielszenario:

Nur das, was in der Anwendung interessiert, wird auch modelliert

Für die Reisebüroanwendung interessiert nur das Umfeld von Reisebuchungen. Es handelt sich um ein Reisebüro mit 20 Mitarbeiterinnen und Mitarbeitern, die hier die Buchungen von Reisen für Kunden durchführen.

Für die Anwendung sind vorerst die Informationsobjekte

- *Reisen (reale Objekte)*
- *Kunden (Individuen) und*
- *Mitarbeiter (Individuen)*

relevant.

Andere Informationen wie Stadt, Einwohner oder auch die großzügig angelegten Verkaufsräume, in denen das Reisebüro seine Dienstleistung anbietet, sind für die zu erstellende Anwendung unbedeutend, werden daher nicht als Entitytypen beschrieben und führen in der Folge zu keinen Tabellen.

Wir erhalten die Entitytypen:

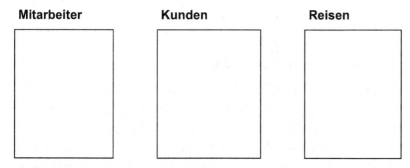

Mitarbeiter **Kunden** **Reisen**

Abb. 3: Entitytypen Beispielszenario(1)

Im Verlauf der Modellierung werden sich noch weitere Entitytypen ergeben.

2.1.2 Umsetzung

Entitytypen in relationalen Datenbanken werden als Tabellen implementiert. Aus den drei gefundenen Entitytypen Reise, Kunde, Mitarbeiter erhalten wir die Tabellen:

- *Reisen*
- *Kunden*
- *Mitarbeiter*

in unserer Datenbank.

Doch mit der Umsetzung am Rechner müssen wir noch warten. Um die drei Tabellen mit Ihren DBMS zu erstellen, benötigen wir noch weitere Festlegungen zu den möglichen Daten. Diese werden im Folgenden besprochen.

2.2 Eigenschaften von Daten

Bisher wurden die Entitytypen und somit Tabellen erkannt und mit einem Namen versehen. In der Bedeutung der Karteikarten ist nichts anderes geschehen, als das Bekleben von Karteikästen mit einem Namensschild. Wie eine Karteikarte, und im analogen Fall auch eine Tabelle, strukturiert ist, d. h., welche Daten in ihr wie gespeichert werden, ist noch nicht erarbeitet worden. Dies soll nun geschehen.

2.2.1 Modellierung von Tabellen

Jedes Entity hat bestimmte für die Anwendung relevante Eigenschaften. In der Modellierung werden diese Eigenschaften durch Attribute des zugehörigen Entitytyps erfasst. Beispielsweise besitzt eine Reise die Eigenschaft eines Ziels, oder die Mitarbeiterin hat die Attribute Name und Vorname. Alle Entities in einem Entitytyp werden durch eine feste Menge von Attributen beschrieben.

Attribute legen die relevanten Eigenschaften von Entities fest

Wie findet man nun diese Attribute? Substantive in der verbalen Beschreibung der Entitytypen sind ein guter Hinweis auf mögliche Attribute. Betrachten wir einmal die nähere Beschreibung der oben definierten Entitytypen Reisen und Kunden: Eine Reise wird durch ihre Kennung, den Preis und das Ziel charakterisiert. Von Kunden sind der Kundenname und die Adresse relevant. Sinnvolle Attribute sind hier zum Beispiel Preis und Ziel, Kundenname und Adresse.

Die so gefundenen Attribute werden bei der Tabellenerstellung benötigt, denn sie bilden die Spaltenköpfe einer Tabelle. Abb. 4 listet einige ausgewählte Attribute auf.

Mitarbeiter

| MitarbeiterNr |
| Mitarbeitername |
| Geschlecht |
| Tarifgruppe |

Kunden

| KundenNr |
| Kundenname |
| Adresse |

Reisen

| ReiseNr |
| Ziel |
| Preis |

Abb. 4: Entitytypen und Attribute des Beispielszenarios

Wichtig bei der Definition von Attributen ist: Die Eigenschaften werden so fein wie möglich zerlegt. Wir sprechen auch von atomaren Attributen. Zum Beispiel kann, wie hier geschehen, die Kundenbezeichnung in die Attribute KundenNr und Kundenname aufgeteilt werden. Der Vorteil dieser feinen Zerlegung liegt darin, dass eine schnellere und genauere Suche, genauere Kontrolle der Eingabe und eine vielfältigere Datenkombination möglich wird. Keine Angst vor zu feiner Zerlegung! Das DBMS kann bei Bedarf die Attribute für Anfragen wieder zusammenführen - aber nicht nachträglich eigenständig zerlegen.

Eigenschaften sind möglichst fein in atomare Attribute zu zerlegen

2.2.2 Umsetzung

Wenn wir nun wieder an die Umsetzung in der Datenbank denken, so ist jetzt ein Großteil des nötigen Wissens zum Erstellen von Tabellen vorhanden. Wie oben erwähnt, fehlte es am Ende von Kapitel 2.1.2 noch an genaueren Definitionen der Tabellen. Dieses ist jetzt teilweise durch die definierten Attribute (d. h. die „Tabellenspalten") geschehen.

Die von uns zu erstellenden Tabellen müssten jetzt wie folgt aussehen:

Kunden

KundenNr	Kundenname	Adresse

Mitarbeiter

MitarbeiterNr	Mitarbeitername	Geschlecht	Tarifgruppe

Reisen

ReiseNr	Ziel	Preise

Abb. 5: Tabellen Kunden, Mitarbeiter, Reisen

Aber auch jetzt können wir noch keine Tabelle definieren, da uns immer noch wichtige Informationen über die zu speichernden Daten fehlen. Sehen wir uns im nächsten Kapitel die Attribute einmal genauer an.

2.3 Beschränkungen der Attributwerte

Falsche Daten sind schlechter als keine Daten – ein DBMS kann Falscheingaben verhindern

Natürlich wissen wir über die möglichen Attributwerte aus der Anwendungswelt schon eine Menge, z. B.: Mitarbeiternummern sind 4-stellige ganze Zahlen (und enthalten keine Buchstaben), als Wert für das Geschlecht kann nur männlich oder weiblich vorkommen, Postleitzahlen liegen in einem bestimmten Zahlenintervall. Der Leser mag sich weitere Beispiele überlegen. Umso mehr wir von diesen gesicherten Informationen dem DBMS mitteilen können, desto genauer kann das DBMS uns bei der Bewahrung der Korrektheit der Daten unterstützen! In vielen DBMS werden drei Möglichkeiten angeboten, dieses zusätzliche Wissen über Datenwerte zu modellieren.

2.3.1 Datentypen

3 Abstufungen der Eingrenzung:

Stufe 1:
Der Datentyp (Zahl, Text, Bild, Ja/Nein,etc.)

Ein Attribut kann nicht alle erdenklichen Werte aufnehmen, vielmehr ist es so, dass die möglichen Einträge in einem Attribut, man spricht hier von einer *Attributsausprägung*, nur aus einer bestimmten Menge von Daten stammen können. So kann die Attributsausprägung einer Postleitzahl in Deutschland nur eine Zahl sein, und die Attributsausprägungen von Namen bestehen nur aus Text. Man nennt diese Menge der zulässigen Werte auch *Datentyp*. Jedes Attribut muss mit einem Datentyp genauer beschrieben werden.

Wir wollen die Datentypen für die oben definierten Attribute aufzählen:

Mitarbeiter

MitarbeiterNr	Zahl, ganze
Mitarbeitername	Text
Geschlecht	Text
Tarifgruppe	Text

Reisen

ReiseNr	Zahl, ganze
Ziel	Text
Preis	Zahl

Kunden

KundenNr	Zahl, ganze
Kundenname	Text
Adresse	Text

Abb. 6: Entitytypen, Attribute und Datentypen

Zu einem späteren Zeitpunkt werden wir sehen, dass wir einige Datentypen noch ändern müssen.

Die Datentypen, die in den einzelnen DBMS zur Verfügung stehen, sind unterschiedlich. Im Anhang ist noch eine Übersicht über einige standardisierte SQL-Datentypen zu finden.

2.3.2 Datengrößen

Eine weitere Eingrenzung des Wertebereichs, d. h. der möglichen Attributsausprägung, erreicht ein DBMS durch die Einstellung so genannter Wertegrößen oder Feldgrößen. Betrachten wir z. B. das Attribut Geschlecht in der Tabelle Mitarbeiter. In vielen Formularen aus unserer Umwelt begnügen wir uns mit den Abkürzungen 'w' und 'm'. Das bedeutet, dass die Länge des Datentyps (und somit auch sein Speicherbedarf) eingeschränkt wird. Im Beispiel Geschlecht wird der Text z. B. auf ein Zeichen eingeschränkt. Eine deutsche Postleitzahl kann nur aus 5 Ziffern bestehen. Somit wäre es überflüssig, mehr Speicherplatz als 5 Ziffern pro Postleitzahl zu reservieren.

Stufe 2: Datengröße – was ist wirklich nötig.

Schauen wir uns die möglichen Datengrößen unseres Beispiels in Abb. 7 an:

Mitarbeiter

MitarbeiterNr	Zahl	4
Mitarbeitername	Text	50
Geschlecht	Text	1
Tarifgruppe	Text	3

Kunden

KundenNr	Zahl	4
Kundenname	Text	50
Adresse	Text	50

Reisen

ReiseNr	Zahl	8
Ziel	Text	50
Preis	Zahl	5 Vor-, 2 Nachkomma

Abb. 7: Entitytypen, Attribute, Datentypen und Datengröße

2.3.3 Gültigkeitsregeln

Stufe 3: logische und arithmetische Beschränkungen der Werte

Die detaillierteste Möglichkeit der Wertebeschränkung von Daten bieten sogenannte Gültigkeitsregeln. Betrachten wir hierzu wieder das Geschlecht eines Menschen. Es gibt nur die zwei Möglichkeiten *männlich* oder *weiblich*. Bei der Definition der Feldgröße haben wir den Datentyp „Text" schon auf einen Buchstaben verkleinert. Das heißt aber nicht, dass Eingaben wie *x*, *y* oder *z* ausgeschlossen sind. Da aber nur die Werte *m* und *w* inhaltlich richtig sein können, bieten DBMSe die

Möglichkeit, weitergehende Regeln festzulegen, die häufig Gültigkeits-regeln genannt werden.

Zum Beispiel sollen Daten für das Geschlecht nur aus dem Text-Wertebereich {'w', 'm'} entstammen oder aber eine deutsche Postleitzahl muss grösser als 1000 und kleiner als 99999 (Die führende 0 bei 1000 soll hier vernachlässigt werden).

Da jedes DBMS unterschiedliche Datentypen, Feldgrößenbezeichnungen und Formalismen für die Gültigkeitsregeln besitzt, wird an dieser Stelle auf die entsprechenden DBMS-Handbücher verwiesen, in denen die Definition für das jeweils benutzte DBMS beschrieben sind.

Zurück zu unserem Beispielszenario:

Geht man davon aus, dass eine Reise (ausgenommen Werbeverkaufsfahrten) mindestens € 100,- kostet und der maximale Reisepreis bei € 99.999,- liegt, so lässt sich hierfür genauso eine Gültigkeitsregel definieren, wie für das *Geschlecht* in der Tabelle *Mitarbeiter*.

Reisen

ReiseNr	Zahl	8	
Ziel	Text	50	
Preis	Zahl	5 Vor-, 2 Nachkomma	Zwischen 100 und 99.999

Abb. 8: Entitytypen, Attribute, Datentypen, Datengrößen und Gültigkeitsregeln

2.4 Primärschlüssel

Beim Vergleich von Datenbanken mit einem Karteikartensystem haben wir gesehen, dass jede Karteikarte einen sogenannten 'Reiter' besitzt, mit dessen Hilfe eine eindeutige Identifikation und somit eine eindeutige

*Primärschlüssel
ermöglichen
den eindeutigen
Zugriff auf den
Datensatz*

Auswahl der Karteikarte möglich wird. In Datenbanken dienen sogenannte *Primärschlüssel* als eindeutige Identifikatoren. ‗

Betrachten wir in Abb. 9 die Tabelle Mitarbeiter, in die mögliche Daten eingetragen sind, genauer:

Mitarbeiter

MitarbeiterNr	Mitarbeitername	Geschlecht	Tarifgruppe
1	Susi Sonnenberg	w	CD1
2	Bryan Weckmann	m	CD2
3	Paula Winzig	w	CD1
4	Margot Picou	w	CD3
5	Sabine Rönnicke	w	CD2
6	Paula Winzig	w	CD2

Abb. 9: Tabelle Mitarbeiter Beispielszenario (1)

Bei *FarAway* arbeiten zwei Mitarbeiterinnen mit dem Namen Paula Winzig. Wird jetzt eine eindeutige Zuordnung der Mitarbeiterin Paula Winzig benötigt (z. B. für ein Kündigungsschreiben oder eine Beförderung), so kann das Datenbanksystem nicht wissen, welche Paula Winzig gemeint ist. Daher benötigt jede Entität (jeder Datensatz) einen eindeutigen Wert, über den man den Datensatz mit allen seinen Feldwerten eindeutig adressieren kann. Dieses Attribut nennt man *Primärschlüssel*. Der Primärschlüssel erlaubt eine eindeutige Datenzuordnung und eine schnelle Datensuche.

Für Primärschlüssel muss immer gelten:

- sie dürfen nicht leer sein

- es darf keine Duplikate von Einträgen in der selben Tabelle geben

- für jede Tabelle ist genau ein Primärschlüssel definiert.

Typische Beispiele für Primärschlüssel sind: AbteilungsNr[2], MitarbeiterNr, ArtikelKennung, LieferantenNr, Aktenzeichen, MatrikelNr,

---

[2] Wir kürzen hier „Nummer" hier immer mit „Nr" ab.

und ähnliches. Solche „künstlichen" Attribute werden gerade für diesen Zweck eingeführt, da Namen eben häufig nicht mit Sicherheit (insbesondere vor dem Hintergrund aller noch nicht bekannten zukünftigen Eintragungen!) einen eindeutigen Zugriff auf einen Datensatz garantieren.

Ein Primärschlüssel kann auch über die Kombination mehrerer Attribute definiert werden. Wir sprechen dann von einem zusammengesetzten Schlüssel. Die obigen Bedingungen müssen dann entsprechend für die Attributgruppe gelten. Auf die Probleme, die bei zusammengesetzten Schlüsseln auftreten können, gehen wir später in Kapitel 4.3 noch ein.

Der Entitytyp *Mitarbeiter* des Beispielszenario sieht nun folgendermaßen aus:

Mitarbeiter

PK: MitarbeiterNr Zahl	4	
Mitarbeitername	Text	50
Geschlecht	Text	1
Tarifgruppe	Text	3

Abb. 10: Entitybeschreibung mit Primärschlüssel Beispielszenario (1)

Primärschlüssel werden als auch als Primary Key bezeichnet und mit PK abgekürzt.

Nun sind die Voraussetzungen für die Tabellendefinition geschaffen und wir können uns an eine erste Tabellendefinition heranwagen.

2.5 Kochrezepte – Tabellenerstellung

Die Datenmodellierung mit dem Tabellenentwurf steht am Anfang einer Datenbankerstellung. Sie bildet die Grundlage für alle nachfolgenden Tätigkeiten und ist für den Erfolg des Datenbankprojektes enorm wichtig.

Der Tabellenentwurf besteht aus folgenden Schritten:

1. Suche nach gleich strukturierten Informationsobjekten (Entitytypen). Diese Entitytypen müssen eine Relevanz für die zu erstellende Anwendung besitzen. Beispiele für typische Entitytypen sind: Individuen, reale Objekte, abstrakte Objekte und Ereignisse.

2. Benennung der Entitytypen mit sinnvollen Namen.

3. Suche nach möglichen Attributen dieser Entitytypen. Diese Attribute beschreiben die Entitytypen vollständig, soweit dies für die Anwendung relevant ist. Sie werden so fein wie möglich zerlegt.

4. Sinnvolle Benennung der Attribute. Beispiele für Attribute sind: Name, Vorname, PLZ, Ort, Gehalt, Tarifgruppe, usw. .

5. Einschränken der erlaubten Attributwerte (typische DBMSe erlauben zum Beispiel die Festlegung von Datentyp, Datengröße und Gültigkeitsregeln).

6. Definieren des Primärschlüssels für jede Tabelle. Damit steht ein Attribut (oder die Kombination von mehreren Attributen) für die eindeutige Identifizierung aller Datensätze dieser Tabelle zur Verfügung. Beispiele für Primärschlüssel sind: Matrikelnr, Artikelnr, oder auch Personalnr.

2.6 Übungen

In den Übungen sollen nun als Ergänzung zu unserem Beispielszenario einige neue Entitytypen mit den dazugehörigen Attributen definiert werden.

Überlegen wir uns, was eigentlich das Kerngeschäft eines Reisebüros ausmacht:

Aufgabe 2.6.1

Durch die Vermittlung und den Verkauf von Reisen (was im allgemeinen „Buchen" genannt wird) fallen Buchungsdaten an. Wer bietet die angebotenen Reisen an? Sind die Daten über Reiseveranstalter immer ähnlich strukturiert? Beschreiben Sie die notwendigen Tabellen.

Aufgabe 2.6.2

Weiterhin ist in großen Reisebüroketten eine Organisationsstruktur zu finden, in der die Mitarbeiter und Mitarbeiterinnen, die in einem ähnlichen Umfeld arbeiten (Buchhaltung, Verkauf, Personalwesen), in Organisationseinheiten eingeordnet werden. Wie sieht die Tabelle aus?

Aufgabe 2.6.3

Nennen Sie die Eigenschaften eines Primärschlüssels.

Aufgabe 2.6.4

Was sind die „Zeilen" und wie heißen die „Spalten" in einer Tabelle einer relationalen Datenbank?

3   Beziehungen

In der Realität finden sich Beziehungen zwischen Entitäten. In Datenbanken gibt es Beziehungen zwischen Daten. Sie sind unter Umständen komplex und nicht leicht nachzuvollziehen – aber gleichwohl sind sie von großer Bedeutung. Sie ermöglichen es beispielsweise, die zergliederten Daten in unserer Datenbank wieder passend zusammenzufügen. Erst so entsteht die Basis für eine richtig gute Datenbank, die effizientes Arbeiten ermöglicht und ausbaufähig ist.

Am Ende dieses Kapitels kann der Leser Beziehungen zwischen Entitytypen erkennen und diese genauer beschreiben. Als Ergebnis der Modellierung erhält man das *Datenbankschema*, das die Beschreibungen von Tabellen und Beziehungen aufnimmt.

3.1 Beziehungen erkennen! Aber wie?

Wer macht was? Beziehungen verbinden Datensätze

Was sind Beziehungen? Beziehungen sind Abhängigkeiten zwischen Entities (also zwischen Datensätzen), die immer gelten müssen. Beziehungen können im Gegensatz zu Entitytypen niemals für sich alleine existieren, sondern beschreiben immer eine logische Verknüpfung, die zwischen zwei (oder mehreren) Entitytypen grundlegend vorhanden sind.

Beispiele für Beziehungen sind:

- **Mitarbeiter *betreuen* Kunden**

- **Abteilungen *verwalten* Mitarbeiter**

Das Problem, das sich hier beispielhaft für den Entwurf unserer Datenbank stellt, ist: wie (und wo) soll der Hinweis auf die Kunden der

Mitarbeiter, bzw. die Zuständigkeit für einen Kunden korrekt gespeichert werden?

In unseren Beispielen wurden Entitytypen mit Substantiven bezeichnet. Die Beziehung zwischen den Entitytypen wird ebenfalls sinnvoll benannt. Dieses geschieht aber in der Regel durch Verben, die Formen von Aktivitäten zwischen den beteiligten Entitytypen beschreiben. Natürlich kommen nur solche Beziehungen in Frage, die eine Relevanz für die Anwendung haben.

Im Beispiel finden sich unterschiedliche, durch die Anwendung vorgegebene Beziehungen

Schauen wir uns wieder unser Beispielszenario an, welches (nach der Übung 2.6) ab jetzt aus den fünf Entitytypen Mitarbeiter, Kunden, Reisen, Abteilung und Reiseveranstalter besteht (siehe Abb. 11).

Mitarbeiter

MitarbeiterNr
Mitarbeitername Geschlecht Tarifgruppe

Reiseveranstalter

ReiseveranstalterNr
Bezeichnung PLZ Ort Telefon

Kunden

KundenNr
Kundenname Adresse

Reisen

ReiseNr
Ziel Preis

Abteilung

AbteilungsNr
Bezeichnung Beschreibung Bemerkung

Abb. 11: Entitytypen Beispielszenario (2)

Zunächst können wir vier relevante Beziehungen entdecken:

- **Kunden** *buchen* **Reisen**

- **Abteilungen** *verwalten* **Mitarbeiter**

- **Reiseveranstalter** *führen* **Reisen** *durch*

- **Mitarbeiter** *betreuen* **Kunden**

Wenn eine Beziehung schon durch die Kombination von anderen Beziehungen definiert wird, verzichten wir auf sie! Beispiel: „buchen Reisen von"

Ein Tipp an dieser Stelle: Wenn man sich alle Beziehungen einmal anschaut und überprüft, ob nicht einige Tabellen schon indirekt über Beziehungen miteinander verknüpft sind, kann man sich eine Menge Arbeit sparen. In unserer Reise-Datenbank haben wir die Beziehung *betreuen* zwischen den Tabellen Kunden und Mitarbeiter festgestellt. Sicher kann man eine direkte Beziehung zwischen den beiden Tabellen festlegen, aber warum? Die beiden Tabellen sind doch schon über die Tabelle Reisen miteinander verknüpft. Wenn wir nun für unser Beispiel feststellen, dass ein Kunde immer von dem Mitarbeiter *betreut* wird, der eine *gebuchte* Reise auch *bearbeitet* hat, dann können wir über diese zwei Beziehungen eindeutig das Betreuungsverhältnis rekonstruieren. Also ist die Darstellung einer direkten Beziehung zwischen Kunden und Mitarbeitern gar nicht nötig. Allerdings ist die *betreut*-Beziehung notwendig, wenn nicht sichergestellt ist, dass diese Regel immer gilt.

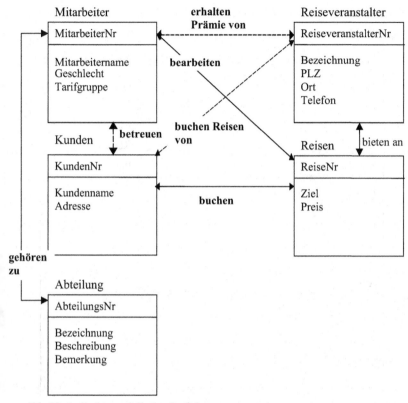

Abb. 12: Indirekte und direkte Beziehungen

Abb. 12 zeigt uns alle möglichen Beziehungen der fünf Tabellen. Aber welche der sieben Beziehungen ist für unsere Anwendung auch sinnvoll und welche der Beziehungen kann man aus anderen rekonstruieren? Als erstes suchen wir die „Haupttabelle", die für die Anwendung von zentraler Bedeutung ist. In unserem Beispiel ist es die Tabelle *Reisen*, da sie für die Anwendung von zentraler Bedeutung ist. Kunden **buchen** Reisen, Mitarbeiter **bearbeiten** die Reisen und Reiseveranstalter **bieten** Reisen **an**, usw.. Und hier haben wir auch die vier zentralen Beziehungen in unserem Szenario.

Die anderen drei Beziehungen überprüfen wir darauf, ob sie wirklich überflüssig sind. Tatsächlich können wir auf sie auf Grund ähnlicher Regeln wie im Beispiel oben (**betreut**) verzichten.

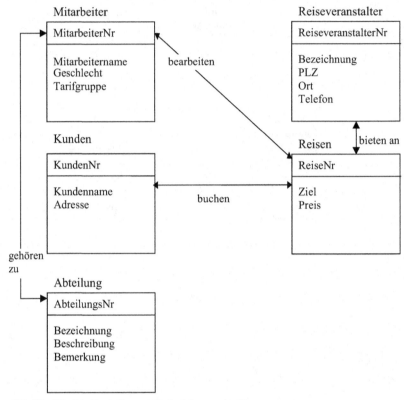

Abb. 13: Direkte Beziehungen Beispielszenario (2)

Unsere Beziehungen zwischen den Tabellen entsprechen jetzt den in Abb. 13 angegebenen.

3.2 So werden Beziehungen dargestellt

Im Entity-Relationship Model (ERM) werden Entitytypen mit ihren Attributen und Beziehungen visualisiert

Eine grafische Darstellung von Entitytypen und ihrer Beziehungen ist sehr hilfreich als kompakte Dokumentation des Datenbankschemas. Hier können auch leicht logische Modellierungsfehler entdeckt werden.

Eine normierte Darstellungsweise hat dabei die Chance, von möglichst vielen Projektbeteiligten verstanden zu werden. Hier wird gerne der Formalismus des Entity Relationship Models (ERM) genutzt. Bei der grafischen Darstellungsweise des ERM streiten sich die Geister. Die einen zeichnen nur Pfeile zwischen den Tabellen, die anderen zeichnen Linien und malen an die Enden Kreise. Damit jeder sich selbst ein Bild machen kann, werden wir einige Notationen vorstellen, so dass jeder seine eigene Notation auswählen kann. Wichtig ist, dass diese Notation auch konsequent innerhalb eines Entwurfes beibehalten wird.

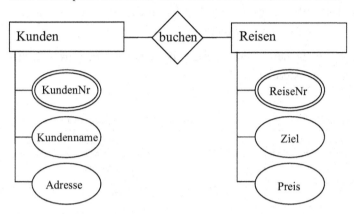

Abb. 14: ERM nach Chen[3]

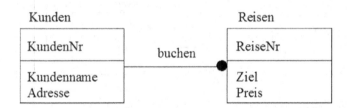

Abb. 15: ERM nach IDEF1X[4]

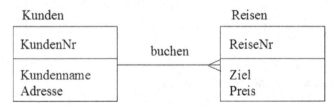

Abb. 16: ERM in der „Krähenfußmethode"[5]

---

[3] nach dem grundlegenden Artikel zum ER-Modell: P. Chen, *The Entity-Relationship Model – Toward a Unified View of Data*, ACM Transactions on Database Systems, Band 1, Nr. 1, 1976

[4] Die Modellierungsmethode IDEF1X (Integration DEFinition for Information Modeling) wurde im Dezember 1993 vom amerikanischen National Institute of Standards and Technology als Standard zur Datenmodellierung verabschiedet. (vgl. http://www.idef.com)

Wie gesehen, kann man Beziehungen häufig mit einem Verb charakterisieren. In unserem Beispiel führen die Mitarbeiter und Mitarbeiterinnen etwas mit den Reisen durch: sie *buchen* die Reisen. Und genau das Verb, das diese Tätigkeit beschreibt, notieren wir an die Beziehungslinie zwischen den Tabellen.

Eine Darstellung (in der Krähenfußmethode) eines ersten Entwurfs der Beziehungen visualisiert Abb. 17.

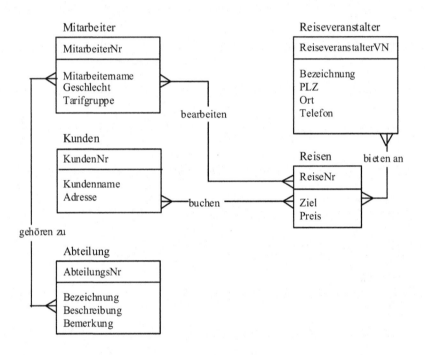

Abb. 17: Entity Relationship Model (ERM) Beispielszenario

Wir werden später noch sehen, dass dieses ERM noch geändert werden muss, um weiteren sinnvollen Anforderungen zu genügen. Es sei angemerkt, dass im Folgenden aus Übersichtsgründen auf die Darstellung der Namen der Beziehungen verzichtet wird. Nach dem bisher Gelernten ist dieses ERM eine zutreffende und praktikable Modellierung unseres Reisebüros.

---

[5] Die Modellierungemethode des Information Engineering wird umgangsprachlich auch Krähenfussmethode genannt.

3.3 Beziehungstypen

Wir wissen jetzt, dass es Beziehungen gibt und wie man sie erkennt. Aber unter Beziehungstypen können wir uns an dieser Stelle noch nichts vorstellen. Ebenso wie man von Entities zu Entitytypen verallgemeinert, kann man auch von Beziehungen auf Beziehungstypen schließen. So wie Entitytypen Entitäten genau beschreiben, legen Beziehungstypen Beziehungen durch zusätzliche Bedingungen exakt fest.

Beispiele:

- Kann eine Reise nur einmal von einem Kunden gebucht werden?
- Können mehrere Kunden diese Reise buchen?
- Kann ein Kunde nur eine Reise buchen oder auch mehrere?

Was Attribute und ihre Festlegungen für Entitytypen sind, sind die Quantitäten in Beziehungstypen

Beziehungen werden danach charakterisiert, wie viele Entities der beiden betroffenen Entitytypen sie miteinander verbinden. Man spricht dann von „1:1", „1:n" und „n:m"-Beziehungen. Sehen wir uns nun die einzelnen Beziehungen genauer an.

3.3.1 Die 1:n-Beziehung

Die 1:n-Beziehung ist wahrscheinlich der am häufigsten auftretende Beziehungstyp, aber auch die einfachste der drei Typen. Anschaulich beschreibt eine 1:n-Beziehung zwischen den Entitytypen *A* und *B* folgenden Sachverhalt: ein Entity des Entitytypen *A* (ein Datensatz der Tabelle *A*) *kann mit mehreren* Entities des Entitytypen *B* (mit mehreren Datensätzen der Tabelle *B*) in Beziehung stehen. Aber ein Entity des Entitytypen *B* (ein Datensatz der Tabelle *B*) *darf immer nur mit höchstens einem* Entity des Entitytypen *A* in Beziehung stehen. Wichtig ist, dass diese Quantitäten *immer* gelten müssen, nicht nur zu einigen Zeitpunkten.

1:n Beziehung: ein Datensatz hat etwas mit mehreren anderen Datensätzen zu tun – muss es aber nicht immer

Auf das Beispiel bezogen:

In unserem Reisebüro findet sich beispielsweise folgende 1:n Beziehung: ein Mitarbeiter bearbeitet mehrere Reisen (n Reisen, wobei n größer oder gleich 0 ist), aber eine Reise wird immer nur von einem Mitarbeiter bearbeitet.

Sollte eine Reise auch von mehreren Mitarbeitern bearbeitet werden können und nicht nur von einem, so liegt keine 1:n Beziehung vor.

Grafisch können wir uns eine 1:n Beziehung wie in Abb. 18 dargestellt vorstellen: ein Mitarbeiter bearbeitet n (mehrere) Reisen. Eine Reise wird immer von einem Mitarbeiter bearbeitet.

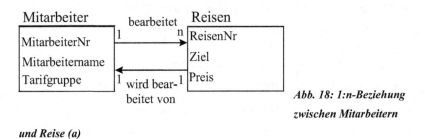

Abb. 18: 1:n-Beziehung zwischen Mitarbeitern und Reise (a)

Ist eine solche Beziehung vorhanden, so können wir sie auch nach der „Krähenfußmethode" wie in Abb. 19 gezeigt darstellen. Der „Krähenfuß" steht dabei auf der „n-Seite".

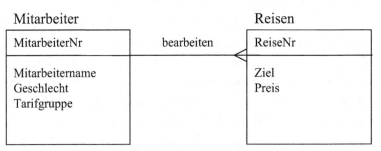

Abb. 19: 1:n-Beziehung zwischen Mitarbeitern und Reise (b)

3.3.2 Umsetzung der 1:n-Beziehung

Zur Umsetzung der 1:n-Beziehung in der Modellierung sehen wir uns die Tabellen Mitarbeiter und Reisen genauer anhand einiger Datensätze in unseren Tabellen an:

Mitarbeiter

MitarbeiterNr	Mitarbeitername	Geschlecht	Tarifgruppe
1	Susi Sonnenberg	w	CD1
2	Bryan Weckman	m	CD2
3	Paula Winzig	W	CD1
4	Margot Picou	w	CD3
5	Sabine Rönnicke	w	CD2
6	Paula Winzig	w	CD2

Reisen

ReiseNr	Ziel	Preis	MitarbeiterNr
1	San Francisco	5000	1
2	Tokio	2500	1
3	San Francisco	1250	2
4	Los Angeles	2000	4
5	San Francisco	1800	3
6	New York	1900	1

Abb. 20: 1:n-Beziehung Mitarbeiter bearbeitet Reisen, mit Fremdschlüssel MitarbeiterNr

Der Primärschlüssel der Tabelle Mitarbeiter ist das Attribut MitarbeiterNr. Der Primärschlüssel der Tabelle Reisen ist die ReiseNr. Wir sehen weiter, dass in der Tabelle Reisen das neue Attribut MitarbeiterNr aufgenommen worden ist, um eindeutig den Datensatz des Mitarbeiter, der die Reise bearbeitet, auffinden zu können.

Grundsätzlich muss auf der „n-Seite" der Beziehung (wir nennen dieses „Detailtabelle"; hier *Reisen*) ein Attribut hinzugefügt werden, welches eine Verbindung zur Tabelle der „1er-Seite" der Beziehung (wir nennen diese „Mastertabelle", hier *Mitarbeiter*) herstellt. In Kapitel **2.4** haben wir gelernt, dass der Primärschlüssel einen Datensatz in einer Tabelle genau identifiziert. Wenn nun dieser Primärschlüssel der Mastertabelle als zusätzliches Attribut in die Detailtabelle aufgenommen wird, kann von

Das neue Fremdschlüsselattribut in der „Detailtabelle" verankert mehrere ihrer Datensätze an genau einem Datensatz der „Mastertabelle"

jedem Datensatz der Detailtabelle eindeutig der zugehörige Datensatz der Mastertabelle bestimmt werden. Wir sprechen bei diesem neuen Attribut in der Detailtabelle von einem *Fremdschlüssel* (Foreign Key, FK).

Wie Datensätze aus mehreren Tabellen über eine Beziehung gesucht werden, können Sie in den Übungen im Anschluss an dieses Kapitel per Hand nachvollziehen. Vermutlich arbeitet Ihr DBMS ähnlich – nur viel schneller und sicherer.

3.3.3 NULL-Werte in Beziehungen

Das Fremd-schlüsselattribut wird mit Werten des PK der Mastertabelle gefüllt, ist aber kein PK in der Detailtabelle

Primärschlüsselfelder müssen in jedem Datensatz immer einen Wert haben. Mitarbeiter-Datensätze ohne einen Wert im Attribut MitarbeiterNr dürfen in der Datenbank nicht existieren. Anders ist es bei Fremdschlüssel - Attributen.

In unserem Beispiel kann es natürlich vorkommen, dass eine Reise noch nicht einem Mitarbeiter zur Bearbeitung zugeordnet wurde. In diesem Fall darf das Feld leer bleiben. Wir sprechen dann von einem NULL - Wert.

3.3.4 Die 1:1-Beziehung

Die 1:1-Beziehung verknüpft einen Datensatz einer Tabelle mit genau einem Datensatz einer anderen Tabelle. In diesem Fall ist es möglich, die beiden Tabellen zusammenzuführen zu einer einzigen Tabelle und damit das Datenmodell zu vereinfachen. Die Vorgehensweise illustrieren wir an unserem Reisebüro-Beispiel:

Stellen wir uns hierzu vor, dass Sie einen zusätzlichen Entitytypen *Telefon* eingeführt haben. Gehen wir weiter davon aus, dass jeder Mitarbeiter eine eindeutige Telefonnummer besitzt und schauen wir uns diesen Sachverhalt in Abb. 21 an:

Mitarbeiter   Telefon

MitarbeiterNr	besitzt	TelefonNr
Mitarbeitername Geschlecht Tarifgruppe		...

Abb. 21: 1:1-Beziehung Mitarbeiter/Telefon

Zwischen Mitarbeiter und Telefon liegt eine 1:1-Beziehung vor. Man kann solche 1:1-Beziehungen auflösen und die Informationen in einer einzigen Tabelle speichern. Wir werden uns dieses bei der Umsetzung im folgenden Absatz genauer betrachten. Doch nicht in jedem Fall sollten die Informationen von Entitytypen, zwischen denen eine 1:1-Beziehung herrscht, in einer Tabelle zusammengefasst werden. Im Abschnitt 4.3 werden wir beim Thema 3.Normalform sehen, dass es durchaus sein kann, dass auch weiterhin zwei Tabellen zur Speicherung benötigt werden.

3.3.5 Umsetzung der 1:1 Beziehung

In der folgenden Abbildung werden Beispieldaten für die beiden Tabellen Mitarbeiter und Telefon angegeben. In dem Beispiel-Szenario ist festgelegt worden, dass jeder Mitarbeiter genau eine Telefonnummer haben soll. Brauchen wir hier den Einsatz von Fremdschlüsseln, wie in der 1:n Beziehung? Wenn zwei Tabellen zu einer zusammengefasst werden, benötigt man keinen zusätzlichen Fremdschlüssel. In Abb. 22 sehen wir zunächst eine Möglichkeit der Realisierung in zwei Tabellen mit einem Fremdschlüssel in *Telefon*.

Mitarbeiter

MitarbeiterNr
Mitarbeitername
Geschlecht
Tarifgruppe

Telefon

Telefonkennung
MitarbeiterNr (FK)
Telefonnummer

Abb. 22: Mitarbeiter und Telefon Tabellenentwurf (Beziehung über FK MitarbeiterNr in Telefon)

Eine mögliche -wenn auch nicht immer optimale- Lösung ist es, die Attribute der beiden Tabellen in einer Tabelle zusammenzulegen. Abb. 23. zeigt die resultierende Tabelle. Wir werden später beim Thema Normalisierung (vgl. Abschnitt 4.3) sehen, dass dieses jedoch nicht immer die richtige Lösung ist.

Mitarbeiter

MitarbeiterNr	Mitarbeitername	Telefonnummer	Tarifgruppe
1	Susi Sonnenberg	98765	CD1
2	Bryan Weckmann	46596	CD2
3	Paula Winzig	55678	CD1
4	Margot Picou	46512	CD3
5	Sabine Rönnicke	45642	CD2
6	Paula Winzig	55665	CD2

Abb. 23: 1:1-Beziehung zusammengeführt

3.3.6 Die n:m-Beziehung

Die n:m-Beziehung ist die komplexeste der drei Beziehungstypen. Sie lässt sich wie folgt beschreiben:

Ein Entity des Entitytypen A (ein Datensatz der Tabelle A) kann mit mehreren Entities des Entitytypen B (mit mehreren Datensätzen der Tabelle B) in Beziehung stehen. Und ein Entity des Entitytypen B (ein Datensatz der Tabelle B) kann wiederum mit mehreren Entity des Entitytypen A in Beziehung stehen.

Schauen wir hierzu wieder auf unser Szenario:

- Eine Reise kann von mehreren Kunden *gebucht werden und* ein Kunde kann mehrere Reisen *buchen*.

- Dieses ist in den Abb. 24 dargestellt und ist in Abb. 25 grafisch als ERM in der Krähenfußnotation zu sehen..

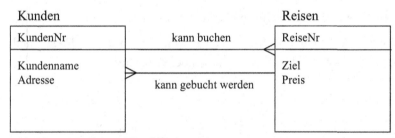

Abb. 24: n:m Beziehung Kunde/Reisen (a)

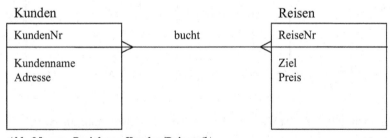

Abb. 25: n:m-Beziehung Kunden/Reisen (b)

3.3.7 Umsetzung der n:m Beziehung

Die n:m Beziehung wird durch zwei 1:n Beziehungen zu einer neu definierten „Auflösungs"-Tabelle ersetzt

Im Falle einer n:m Beziehung gehen wir wie folgt vor: wir erzeugen eine neue Tabelle, die den Beziehungssachverhalt in einem entsprechenden Namen widerspiegelt. In diesem Falle würden wir diese Tabelle Buchung nennen. Dann legen wir die Beziehungen der beteiligten Tabellen Kunden und Reisen zu dieser neuen Tabelle fest. Welcher Beziehungstyp besteht zwischen den Tabellen Kunden und Buchung bzw. Reisen und Buchung?

- Ein Kunde kann mehrere Buchungen durchführen,

- Eine Buchung kann nur von einem Kunden durchgeführt werden;

Also handelt es sich hier um eine 1:n Beziehung zwischen *Kunden* und *Buchung*.

- Eine Reise kann mehrmals gebucht werden,

- Eine Buchung betrifft immer eine Reise;

Auch hier besteht eine 1:n Beziehung zwischen den Tabellen *Reisen* und *Buchung*. Unser Modell sieht nun folgendermaßen aus:

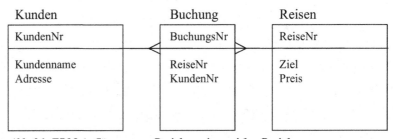

Abb. 26: ERM Auflösung n:m Beziehung in zwei 1:n Beziehungen

Allgemein kann gesagt werden, dass eine n : m - Beziehung in zwei 1:n-Beziehungen aufgelöst wird. Doch welche Attribute müssen wir in diese neue „*Auflösung-*" Tabelle eintragen? Da die Auflösungstabelle jeweils eine 1 : n Beziehung zu den Mastertabellen besitzt, können wir auf das schon Gelernte zurückgreifen: die Auflösungstabelle nimmt die Primärschlüssel beider Mastertabellen als Fremdschlüssel auf. Zusätzlich können der Auflösungstabelle natürlich noch weitere Attribute hinzugefügt werden, die die realisierte n:m–Beziehung näher beschreiben. Sinnvoll wäre hier z.B. das Buchungsdatum oder das Datum wie in Abb. 27 gezeigt.

Kunden

KundenNr	Kundenname
1	Claudia Dahms
2	Werner Brütting
3	Peter Müller
4	Peter Meier
5	Jason Wu

Buchung

BuchungsNr	Datum	KundenNr	ReiseNr
1	01.01.03	2	1
2	02.09.03	3	5
3	05.05.03	2	6
4	06.05.03	4	4
5	06.07.03	5	3
6	01.08.03	3	1

Reisen

ReiseNr	Reiseziel	Datum	Preis
1	San Francisco	01.01.03	5000
2	Tokio	01.01.03	2500
3	San Francisco	01.02.03	1250
4	Los Angeles	05.05.03	2000
5	San Francisco	05.07.03	1800
6	New York	08.08.03	1900

Abb. 27: Tabellen der n:m-Beziehung mit „Auflösungstabelle" Buchung

So sieht die komplette und in zwei 1:n-Beziehungen aufgelöste n:m - Beziehung aus. Wir haben hier in die Tabelle Buchung noch ein Attribut mit der Bezeichnung BuchungsNr hinzugefügt. Dieses Attribut haben wir als Primärschlüssel eingefügt. Es gibt auch noch eine andere Möglichkeit: Ein Primärschlüssel kann auch zwei Attribute beinhalten,

n:m Beziehung im Schnellver-fahren:

eine neue Tabelle mit den Primärschlüs-seln der beiden in Beziehung stehenden Tabellen soweit ihre Kombinationen immer eindeutig sind. Dieses könnte auch in unserem Beispiel umgesetzt werden. Der Primärschlüssel wäre dann eine Kombination aus den Attributen KundenNr und ReiseNr. Wir haben an dieser Stelle darauf verzichtet. Es ist jedoch ersichtlich, dass die Daten in der Tabelle Buchung für einen Menschen schlecht interpretierbar sind. Um dieses zu ändern, werden wir in 5.3 sehen, wie wir die Daten aus mehreren Tabellen (zur Anzeige) wieder zusammenführen, um für Menschen interpretierbare Daten anzeigen zu können.

Gibt es eine alternative Umsetzungsmöglichkeit der n:m-Beziehung ohne Auflösungstabelle? D.h. Müssen wir eine n:m-Beziehung überhaupt „auflösen"? Sehen wir uns hierzu den Sachverhalt einer n:m-Beziehung anhand eines Tabellenausschnitts an und versuchen, mit den uns bekannten Mitteln bei der Behandlung von 1:n Beziehungen zu arbeiten.

Ohne Auflösungstabelle erhalten wir Mengen als Attributwerte – und die sind dann nicht mehr atomar

In Abschnitt über die 1:n-Beziehung haben wir gelernt, dass eine Beziehung über die Aufnahme eines Fremdschlüssels in die Detailtabelle erfolgt. Doch welche Seite einer n:m-Beziehung ist nun die Detailtabelle? Sehen wir uns hierzu einige Beispieldatensätze an:

Gehen wir davon aus, dass der Kunde *Brütting* die Reisen mit den Reisenummern *1* und *6* gebucht hat. Gehen wir weiterhin davon aus, dass die Reise mit der Reisenummer *1* vom Kunden *Brütting* und *Müller* gebucht worden ist. Es gelten somit die Daten, die in der Tabelle Buchung in Abb. 27 dargestellt worden sind.

Wir versuchen nun die Tabelle Kunde mit dem Fremdschlüssel ReiseNr zu erweitern. Es ergeben sich die in den folgenden Tabellen gezeigten Datensätze.

Kunden

KundenNr	Kundenname	...	ReiseNr
1	Claudia Dahms	...	1
2	Werner Brütting	...	1,6
3	Peter Müller	...	5,1
4	Peter Meier	...	4
5	Jason Wu	...	3

Reisen

ReiseNr	Reiseziel	Datum	Preis
1	San Francisco	01.01.03	5000
2	Tokio	01.01.03	2500
3	San Francisco	01.02.03	1250
4	Los Angeles	05.05.03	2000
5	San Francisco	05.07.03	1800
6	New York	08.08.03	1900

Abb. 28: n:m-Beziehung ohne Auflösungstabelle, mit nicht-atomarem Attribut ReiseNr

Wir sehen hier in der Tabelle Kunden, dass im Attribut ReiseNr mehrere Einträge vorhanden sind. Dieses widerspricht der Forderung aus Abschnitt 2.2, nur atomare Werte in Tabellen zu verwalten. Es war wohl falsch, die Tabelle Kunden als Detailtabelle zu definieren. Aber wir haben ja noch eine andere Möglichkeit. Wir legen diesmal den Fremdschlüssel in die Tabelle Reisen. Somit sehen unsere Daten wie folgend gezeigt aus.

Kunden

KundenNr	Kundenname	...
1	Claudia Dahms	...
2	Werner Brütting	...
3	Peter Müller	...
4	Peter Meier	...
5	Jason Wu	...

Reisen

ReiseNr	Reiseziel	...	KundenNr
1	San Francisco	...	2,3
2	Tokio	...	
3	San Francisco	...	5
4	Los Angeles	...	4
5	San Francisco	...	3
6	New York	...	2

Abb. 29: n:m-Beziehung ohne Auflösungstabelle, mit nicht-atomarem Attribut KundenNr

Auch hier sehen wir, dass nicht nur atomare Werte vorkommen (diesmal nicht in der Tabelle Kunden, sondern in der Tabelle Reisen). Wir sehen: zur Modellierung von n:m-Beziehungen reichen die Mechanismen zur Modellierung der 1:n-Beziehungen nicht aus. Eine zusätzliche Tabelle, die wir Auflösungstabelle nennen, ist hier immer nötig. In unserem Reisebüro-Beispiel hätten wir die Tabelle Buchung jedoch auch ohne die n:m Beziehung entdecken können, denn eine Buchung ist ein Ereignis und stellt somit einen Entitytypen dar (vgl. Abschnitt 2.1.1)

3.4 Minimalkardinalitäten

In den bisherigen Ausführungen über Beziehungstypen haben wir immer die maximale Anzahl von Datensätzen zweier Tabellen, die miteinander in Beziehung stehen, betrachtet. Wir wollen in diesem Kapitel die Frage stellen, welche minimalen Beziehungen zwischen Datensätzen einzelner Tabellen bestehen. Man nennt dieses im Gegensatz zu den bisher behandelten (Maximal)-kardinalitäten *Minimalkardinalitäten*.

3.4.1 Minimalkardinalitäten im logischen Entwurf

Sehen wir uns noch mal die Beziehung zwischen den Entitytypen Kunden, Buchung und Reisen aus Abb. 26 an. Diese Beziehung sei hier zur Übersicht noch einmal dargestellt.

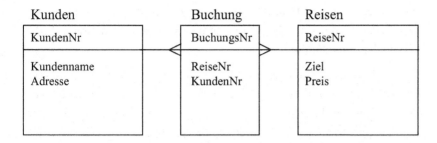

Abb. 30: Beziehung Kunden-Buchung-Reisen

Das bisher vermittelte Wissen lässt uns diese Beziehungen wie folgt interpretieren

- Ein Kunde führt (maximal) mehrere Buchungen durch. Jede Buchung wird von (maximal) einem Kunden durchgeführt.

- Eine Reise wird (maximal) mehrfach gebucht. Jede Buchung beinhaltet jedoch nur (maximal) eine Reise (Dieses soll für unser Szenario so gelten; Den Autoren ist es klar, dass die Realität auch anders aussehen kann)

Bisher konnte nicht ausgedrückt werden, dass eine Reise z.B. gar nicht gebucht worden ist, bzw. einer Buchung noch kein Kunde zugeordnet ist. Zur Hilfe nehmen wir die Minimalkardinalitäten, die berücksichtigen, mit wie viel Datensätzen aus Tabelle B ein Datensatz der Tabelle A **mindestens** in Beziehung steht.

Die Minimalkardinalität beschreibt die Anzahl der Datensätze zweier Tabellen, die mindestens in Beziehung stehen müssen. Sehen wir uns dieses wieder am obigen Beispiel für beide Beziehungen an.

Nicht nur die maximale Anzahl von Daten-sätzen, die in Beziehung stehen, sollte betrachtet werden!

Beziehung Kunden-Buchung:

In unserem Beispielszenario soll gelten, dass ein Kunde mindestens eine Reise gebucht haben muss (sonst ist er ja kein Kunde des Reisebüros). Wir können also sagen, dass ein Kunde **minimal eine** Buchung durchgeführt hat. **Maximal** führt er **n** Buchungen durch. Die Minimalkardinalität ist somit mit 1 zu bezeichnen, die Maximalkardinalität mit n.

Lesen wir die Beziehung noch einmal in die andere Richtung: Wird eine Buchung immer **minimal** von **einem** Kunden und auch **maximal** von **einem** Kunden durchgeführt, gibt es also keine Buchung, die von weniger als einem Kunden durchgeführt wird. Das bedeutet, dass die Minimalkardinalität somit bei eins liegt, die Maximalkardinalität ebenfalls. Wir notieren dieses *1,n:1,1* (*Minimalk.,Maximalk.: Minimalk,Maximalk.*) für die Beziehung *Buchung : Kunden*.

Wir können somit sagen, dass unter Berücksichtigung der Minimalkardinalitäten zwischen Kunden und Buchung eine 1,1:1,n Beziehung herrscht.

Auch Minimalkardinalitäten können im ERM nach der Krähenfußmethode ausgedrückt werden. Die Minimalkardinalität 1 wird durch einen senkrechten Strich auf der Beziehungslinie am entsprechenden Entitytyp dargestellt. Ein Beispiel hierzu ist in Abb. 31 zu sehen.

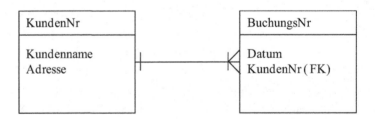

Abb. 31: ERM- Darstellung 1,1:1,n Kardinalität (Buchung:Kunden)

Beziehung Buchung-Reisen:

Auch hier gilt es nun, die Minimalkardinalitäten zu bestimmen. In unserem Beispielszenario soll gelten, dass eine Buchung immer genau eine Reise (nicht mehr und nicht weniger) beinhalten muss, da wir sonst nicht von einer Buchung sprechen können. Wir haben somit sowohl als Minimalkardinalität als auch als Maximalkardinalität eine 1 bestimmt Auf der anderen Seite können wir sagen, dass eine Reise in n Buchungen gebucht werden kann. Es soll aber auch Reisen geben, die noch nicht gebucht worden sind. Somit gibt es Entities (Datensätze) des Entitytyps Reisen, die mit keinem Entity des Entitytypen Buchung in Beziehung stehen. Wir sprechen hier von einer Minimalkardinalität **0**. Sicher wird auch diese eine Reise, die noch nicht gebucht wurde irgendwann einmal gebucht, aber dieses muss nicht so sein! Es handelt sich bei der Beziehung zwischen den Entitytypen Buchung und Reisen somit um eine 0,n:1,1 Beziehung.

Die Darstellung einer Minimalkardinalität 0 im ERM erfolgt nach der Krähenfußmethode durch Hinzufügen eines Kreises auf der Beziehungslinie am entsprechenden Entitytypen. Es sei der Vollständigkeit halber erwähnt, dass einige Softwarewerkzeuge auch noch zusätzlich zur 0 einen senkrechten Strich zeichnen. Dieses muss aber nicht sein. Ein Beispiel ist in Abb. 32 zu sehen.

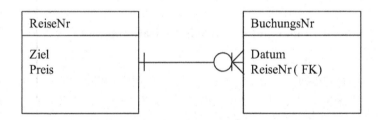

Abb. 32: ERM- Darstellung 0,n:1,1 Kardinalität

Wir können jetzt die in Abschnitt 3.3 erarbeiteten Beziehungstypen unter Berücksichtigung der Minimalkardinalitäten (zulässige Werte **0** und **1**) erweitern, so dass insgesamt zwölf unterschiedliche Beziehungstypen entstehen. Jedoch ist hierbei zu berücksichtigen, dass die Beziehungstypen 0,1:1,1 und 1,1:0,1 identisch sind. Denn hierbei ist es egal, welche Seite der Beziehung jeweils links bzw. rechts geschrieben wird. Gleiches gilt für die Beziehung 0,n:1,m , die auch als 1,n:0,m definiert sein kann, so dass effektiv nur zehn unterschiedliche Beziehungen entstehen. Eine Übersicht der möglichen Beziehungstypen unter Berücksichtigung der Minimalkardinalitäten ist in Abb. 33 zu sehen.

Genau betrachtet gibt es nicht nur 3 Beziehungstyp en, sondern 12

Minimalkardinalität	Beziehungstypen		
	1:1	**1:n**	**n:m**
0 auf beiden Seiten	0,1:0,1	0,1:0,n	0,n:0,m
0 auf der linken Seite 1 auf der rechten Seite	0,1:1,1	0,1:1,n	0,n:1,m
1 auf der linken Seite 0 auf der rechten Seit	1,1:0,1	1,1:0,n	1,n:0,m
1 auf beiden Seiten	1,1:1,1	1,1:1,n	1,n:1,m

Abb. 33: Beziehungstypen unter Berücksichtigung Minimalkardinalitäten

Die entsprechenden Darstellungen im ERM sind für die in Abb. 33 dargestellten Beziehungen im Anhang zu finden.

3.4.2 Auswirkungen auf das physische Datenmodell

In Abschnitt 3.3 wurde erläutert, wie die einzelnen Beziehungstypen in der Datenbank umgesetzt werden. Wir würden die Minimalkardinalitäten nicht vorstellen, wenn sie nicht Auswirkungen auf die physische Datenbankstruktur in unserer Datenbank hätte.

Diese Auswirkungen betreffen mögliche NULL-Werte in den Datenbanktabellen. In Abschnitt 3.3.3 sind NULL-Werte in Tabellen besprochen worden. Es ist herausgearbeitet worden, dass NULL-Werte prinzipiell nicht in Primärschlüsseln vorkommen dürfen, in anderen Attributen (auch in Fremdschlüsseln) sind NULL-Werte jedoch erst einmal grundsätzlich nicht verboten. Es können jedoch einige Probleme durch NULL-Werte verursacht werden.

Zur Erläuterung eines der möglichen Probleme sei an dieser Stelle das Thema Indizierung angesprochen. Das Indizieren ist eine Technik, die ein schnelleres Suchen von Datensätzen über Attribute ermöglicht. Bei der Definition einer Datenbank in einem DBMS können jetzt in jeder Tabelle Indexe für einzelne Attribute definiert werden. Eine Suche über Indexe wird vom DBMS sehr schnell ausgeführt. Wird nicht indiziert, so muss bei der Suche eines oder mehrere Datensätze eine komplette Suche über die gesamte Tabelle durchgeführt werden (full table scan), was bei großen Datenmengen und komplexen Datenbankschemas sehr zeitaufwändig und nicht ausreichend sein kann.

Zurück zu den NULL-Werten: Ein NULL-Wert kann nicht verglichen werden. Deshalb sollte er als Teil von Indexen vermieden werden. Es kann im Allgemeinen sogar davon ausgegangen werden, dass DBMS Attribute, die NULL-Werte beinhalten, nicht indizieren können. Die Nutzung von Null-Werten an einer falschen Stelle kann somit zu einer Verschlechterung der Performance führen.

Weitere Probleme bringen NULL-Werte bei der Auswertung von Ausdrücken; insbesondere bei Bool'schen Ausdrücken. Was ist z. B. das Ergebnis einer Anfrage an die Datenbank *"Zeige Datensätze, bei denen die ReiseveranstalterNr > 6 ist"*, wenn Datensätze im Attributwert *ReiseveranstalterNr* keine Einträge und somit den Wert NULL haben?

An einem Beispiel (das wohl nicht sehr realistisch, aber zur Erläuterung recht einleuchtend ist) sollen die Auswirkungen der Minimal-kardinalitäten unter Berücksichtigung der Vermeidung von NULL-Werten betrachtet werden:

Wir gehen davon aus, dass eine Reise genau einmal gebucht werden kann (nicht mehr und nicht weniger!). Eine Buchung soll maximal eine Reise beinhalten. Es gibt auch Buchungen, die keine Reise beinhalten. Die Darstellung dieser 1,1:0,1-Beziehung ist in Abb. 34 zu sehen.

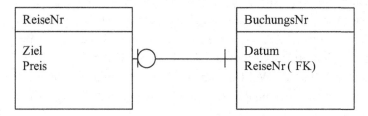

Abb. 34: ERM zu den Auswirkungen der Minimalkardinalitäten

Zwei Beispieltabellen zum ERM sind im Folgenden zu sehen. Im Gegensatz zu den bisher dargestellten Datensätzen hat der Kunde *Jason Wu* zwar schon eine Buchung durchgeführt, aber eine entsprechende Reise (z.B. mit der ReiseNr *3*) ist der Buchung noch nicht zugeordnet.

Buchung

BuchungsNr	Kunde	Datum	ReiseNr
1	Werner Brütting	01.01.03	1
2	Peter Müller	02.09.03	5
3	Werner Brütting	05.05.03	6
4	Peter Meier	06.05.03	4
5	Jason Wu	06.07.03	
6	Peter Müller	01.08.03	2

Reisen

ReiseNr	Reiseziel	Datum	Preis
1	San Francisco	01.01.03	5000
2	Tokio	01.01.03	2500
4	Los Angeles	05.05.03	2000
5	San Francisco	05.07.03	1800
6	New York	08.08.03	1900

Abb. 35: Beispieltabellen zu den Auswirkungen der Minimalkardinalitäten

Für die Umsetzung des logischen Datenmodells in die Datenbanktabellen sind die Minimalkardinalitäten zu berücksichtigen.

In den vorherigen Abschnitten haben wir gesehen, dass 1:1-Beziehungen (dort noch ohne Minimalkardinalitäten) ggf. in einer Tabelle zusammengefasst werden können. Dieses soll noch mal unter Berücksichtigung der Minimalkardinalitäten überprüft werden. Alle Reisen aus Abb. 35 werden einmal gebucht. Den Buchungen mit den Buchungsnummern *1,2,3,4,6* stehen auch Reisen gegenüber. Die Buchung mit der Buchungsnummer *5* jedoch beinhaltet keine Reise (Minimalkardinalität 0). Werden nun die beiden Tabellen, wie unter 3.3.5 beschrieben, zusammengefasst, so entstehen NULL-Werte in der Tabelle. Dieses ist in Abb. 36 zu sehen.

BuchungsNr	Kunde	...	ReiseNr	Reiseziel	...	Preis
1	Werner Brütting	...	1	San Francisco	...	5000
2	Peter Müller	...	5	San Francisco	...	1800
3	Werner Brütting	...	6	New York	...	1900
4	Peter Meier	...	4	Los Angeles	...	2000
5	Jason Wu	...	**NULL**	**NULL**	...	**NULL**
6	Peter Müller	...	2	Tokio	...	2500

Abb. 36: Zusammengeführte Tabellen der 0,1:1,1 Beziehung

Die Lösung widerspricht somit unserer Forderung nach der Vermeidung von NULL-Werten! Als Lösung bietet sich das Hinzufügen eines Fremdschlüssels in der Tabelle an, auf dessen Seite die Minimalkardinalität 0 ist. In unserem Beispiel ist dieses die Tabelle Reisen.

Buchung

BuchungsNr	Kunde	Datum
1	Werner Brütting	01.01.03
2	Peter Müller	02.09.03
3	Werner Brütting	05.05.03
4	Peter Meier	06.05.03
5	Jason Wu	06.07.03
6	Peter Müller	01.08.03

Reisen

ReiseNr	Reiseziel	Datum	Preis	BuchungsNr (FK)
1	San Francisco	01.01.03	5000	1
2	Tokio	01.01.03	2500	6
4	Los Angeles	05.05.03	2000	4
5	San Francisco	05.07.03	1800	2
6	New York	08.08.03	1900	3

Abb. 37: Umsetzung der 0,1:1,1-Beziehung

Analog kann für alle weiteren Beziehungen vorgegangen werden. Es entstehen ggf. mehr Tabellen, als im Kapitel 3 beschrieben. Der Leser möge sich die Lösungen für die einzelnen Beziehungstypen selbst herleiten. Eine Übersicht, wie viele Tabellen bei den einzelnen Beziehungstypen entstehen (immer unter Berücksichtigung der Vermeidung von NULL-Werten) ist im Anhang zu sehen.

3.5 Rekursive Beziehungen

Bisher haben wir Beziehungen zwischen unterschiedlichen Entitytypen betrachtet. Natürlich können auch Beziehungen zwischen Entities ein und des selben Entitytypen existieren.

3.5.1 Konzept der rekursiven Beziehung

Wir wollen an dieser Stelle den Entitytypen Mitarbeiter um ein Attribut erweitern. Stellen wir uns vor, dass wir für jeden Mitarbeiter die Vorgesetzte speichern möchten, und fügen diesen Sachverhalt als Attribut hinzu.

MitarbeiterNr

Mitarbeitername
Geschlecht
Tarifgruppe
...

Abb. 38: Entitytyp Mitarbeiter

Dass eine Vorgesetzte wiederum aus der Tabelle Mitarbeiter ist, versteht sich von selbst. Wir erhalten also Beziehungen zwischen Entitäten des selben Entitytypen. Eine solche, auf den gleichen Entitytypen gerichtete Beziehung, nennt man *rekursive Beziehung*:

- Ein Mitarbeiter hat einen Mitarbeiter als Vorgesetzten,

- Ein Mitarbeiter ist mehreren Mitarbeitern vorgesetzt.

Schauen wir uns dieses im ERM einmal an

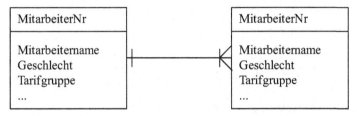

Abb. 39: Rekursive Beziehung für Mitarbeiter (a)

Die endgültige Modellierung im ERM sieht die Beziehung so aus:

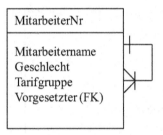

Abb. 40: Rekursive Beziehung für Mitarbeiter (b)

3.5.2 Umsetzung

Wie wir aus den oben gemachten Überlegungen zur Realisierung von
1:n-Beziehungen schließen können, muss der Primärschlüssel der
Mastertabelle (Mitarbeiter) in die Detailtabelle (Mitarbeiter) als
Fremdschüssel eingetragen werden. Da Master- und Detailtabelle in Fall
einer rekursiven Beziehung die gleiche Tabelle ist, wird in diese Tabelle
ein neues Attribut (in unserem Fall benennen wir es mit MitarbeiterNr_2)
hinzugefügt, welches Primärschlüsselwerte der Mitarbeiter Tabelle
aufnimmt (hier Werte aus MitarbeiterNr). Natürlich können Vorgesetzte,
die in MitarbeiterNr_2 referenziert werden als Fremdschlüssel wieder den
Wert NULL haben (solange das Attribut nicht indiziert werden soll).
Dieses gilt für die Mitarbeiter, die in keinem Unterstellungsverhältnis
arbeiten (z.B. die Chefin selber).

Beziehungen zwischen Datensätzen aus der gleichen Tabelle heißen „rekursiv" und werden nach den bekannten Verfahren

Mitarbeiter

MitarbeiterNr	Mitarbeitername	Vorgesetzter	Tarifgruppe	...
1	Susi Sonnenberg		CD1	...
2	Bryan Weckmann	1	CD2	...
3	Paula Winzig	1	CD1	...
4	Margot Picou	5	CD3	...
5	Sabine Rönnicke	1	CD2	...
6	Paula Winzig	5	CD2	...

Abb. 41: Rekursive Beziehung Mitarbeiter (a)

Auch hier sehen wir wieder NULL-Werte in der Tabelle, die ggf. unerwünscht sind. Um sie zu vermeiden, kann wiederum eine neue Tabelle Vorgesetzte hinzugefügt werden. Diese mögliche Umsetzung einer rekursiven Beziehung ist in Abb. 42 dargestellt.

Mitarbeiter

MitarbeiterNr	Mitarbeitername	Tarifgruppe	...
1	Susi Sonnenberg	CD1	...
2	Bryan Weckmann	CD2	...
3	Paula Winzig	CD1	...
4	Margot Picou	CD3	...
5	Sabine Rönnicke	CD2	...
6	Paula Winzig	CD2	...

Vorgesetzte

LfdNr	MitarbeiterNr	Vorgesetzter	...
1	2	1	...
2	3	1	...
3	4	5	...
4	5	1	...
5	6	5	...

Abb. 42: Rekursive Beziehung Mitarbeiter (b)

Im Falle einer rekursiven n:m-Beziehung verfahren wir entsprechend. Stellen wir uns vor, in einem Betrieb können mehrere Unterstellungsverhältnisse existieren (z.B. nach Personal- und Funktionsverantwortung getrennt). In diesem Fall wird eine neue Tabelle Vorgesetzte mit zwei Fremdschlüsselattributen erstellt, die beide jeweils auf den Primärschlüssel der Tabelle Mitarbeiter verweisen. In Abb. 43 ist der Mitarbeiter mit Nr. *3* sowohl dem Mitarbeiter mit Nr. *1* wie auch dem Mitarbeiter mit Nr. *5* vorgesetzt.

Vorgesetzte

LfdNr	MitarbeiterNr	Vorgesetzter	Vorgesetztenverhältnis
1	2	1	disziplinarisch
2	3	1	disziplinarisch
3	4	5	disziplinarisch
4	5	1	disziplinarisch
5	6	5	disziplinarisch
6	3	5	fachlich

Abb. 43: Rekursive Beziehung Mitarbeiter (c)

Wir wollen an dieser Stelle noch ein zweites Beispiel zu rekursiven Beziehungen einfügen. Dieses Beispiel ist den Stücklisten für die Produktion eines Gutes nachempfunden. Es sollen Reisen angeboten werden, die nach einem Baukastenprinzip zusammengestellt werden können. So kann z.B. eine Reise mit der ReiseNr *5* alleine gebucht werden, aber wiederum auch Teil einer größeren Reise mit der ReiseNr *2* sein. Die größere Reise mit der ReiseNr *2* kann wiederum unabhängig von anderen Reisen gebucht werden aber auch Teil einer noch größeren Reise mit der ReiseNr *1* sein. Es entsteht hier ein *Reisebaum*, der einer Stückliste ähnelt. (vgl. Abb. 44)

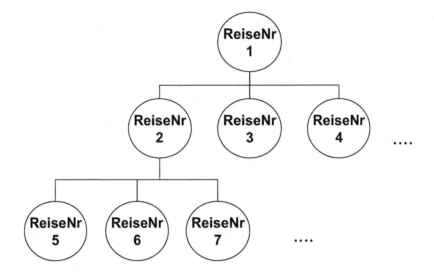

Abb. 44: Baumstruktur von Reisen

Die Umsetzung eines derartigen Problems erfolgt analog des obigen Mitarbeiterbeispiels:

ReiseNr	Ziel	Datum	.....	ReiseÜbergeordnet
1	1	01.01.03	.....	
2	3	01.01.03	.....	1
3	1	01.02.03	.....	1
4	4	05.05.03	.....	1
5	1	05.07.03	.....	2
6	2	08.08.03	.....	2

Abb. 45: Rekursive Beziehung zwischen. Reisen

Will man nun herausfinden, welche Reisen direkt zu der Reise mit der ReiseNr *1* gehören, so ist dieses recht einfach. Es erfolgt eine Selektion mit der Bedingung, dass der Wert im Attribut *ReiseÜbergeordnet* eine *1* sein muss. Es ist aber leicht zu erkennen, dass zur Reise mit der ReiseNr *2* auch die Reisen mit den Nummern *5* und *6* gehören. Somit kann ein Kunde, der die Reise *1* bucht, davon ausgehen, dass er hiermit die Reisen *2,3,4,5,6* bucht.

3.6   Referentielle Integrität

Die Korrektheit der Daten entscheidet über Sinn und Nutzen einer Datenbank. Damit das DBMS den Nutzern bei der Erhaltung der Korrektheit (wir sprechen auch von „Datenintegrität") hilft, muss bei der Modellierung und deren Umsetzung in eine Datenbankanwendung möglichst viel an gesicherten Erkenntnissen über die Daten dem DBMS mitgeteilt werden. Nur das, was die Datenbank über die Daten weiß, kann sie auch überprüfen! In Kapitel 2 haben wir gesehen, wie wir Attributwerte durch Wertebereiche, Größenangaben und weitere Regeln einschränken können. Für Beziehungen sind solche Korrektheitsregeln ebenfalls möglich. Wir nennen sie Regeln der *Referentiellen Integrität* (wie: Referenz ~ Beziehung; Integrität ~ Korrektheit).

Beziehungen können auch Probleme machen, zum Beispiel, wenn zu einem Fremdschlüssel-wert der Daten-satz fehlt

Machen wir uns das Problem an einem Beispiel in Abb. 46 klar. Gehen wir hierbei davon aus, dass die Mitarbeiter stark spezialisiert sind und jede Reise von einem Mitarbeiter betreut wird. Jeder Mitarbeiter kann somit mehrere Reisen betreuen. Dieses ist durch den Fremdschlüssel MitarbeiterNr in der Tabelle Reisen dargestellt.

Mitarbeiter

MitarbeiterNr	Mitarbeitername	Geschlecht	Tarifgruppe
1	Susi Sonnenberg	w	CD1
2	Bryan Weckmann	m	CD2
~~3~~	~~Paula Winzig~~	~~w~~	~~CD1~~
4	Margot Picou	w	CD3
5	Sabine Rönnicke	w	CD2
6	Paula Winzig	w	CD2

Reisen

ReiseNr	Reiseziel	Datum	Preis	MitarbeiterNr
1	San Francisco	01.01.03	5000	1
2	Tokio	01.01.03	2500	1
3	San Francisco	01.02.03	1250	2
4	Los Angeles	05.05.03	2000	4
5	San Francisco	05.07.03	1800	3
6	New York	08.08.03	1900	1

Abb. 46: Referentielle Integrität Mitarbeiter/Reisen

Stellen wir uns vor, dass der Mitarbeiter mit Nr. 3 die Firma verlassen hat. Löschen wir nun den Mitarbeiter mit Nr. 3, so ist der Eintrag '3' in der Spalte MitarbeiterNr der Tabelle Reisen ohne Referenz auf einen zugehörigen Datensatz in der Tabelle Mitarbeiter. Damit kann das DBMS somit auch der Nutzer diese Reise keinem Mitarbeiter zuordnen.

Ähnlich verhält es sich mit Änderungen in der Mastertabelle. Wird die Mitarbeiternummer *3* in die Mitarbeiternummer *0815* geändert, so fehlt auch hier die Zuordnung der Reise nach San Francisco mit der ReiseNr *5* zum Mitarbeiter.

Vor derartigen Situationen soll die Regel der referentiellen Integrität schützen. Sie besagt, dass im Fremdschlüssel der Detailtabelle einer Beziehung nur Einträge vorhanden sein dürfen, die auch in der Mastertabelle dieser Beziehung als Primärschlüssel definiert sind.

Beziehungen mit „Nachsende-antrag": der Partner-Datensatz wird mitgeändert

Hier stellen DBMS nun verschiedene Hilfen zur Verfügung. Ist eine referentielle Integrität zwischen Master- und Detailtabelle einer Beziehung definiert, so können folgende Überwachungsmechanismen gewählt werden:

a.) beim Löschen von Datensätzen in der Mastertabelle werden alle referenzierten Datensätze in der Detailtabelle *gleichzeitig gelöscht*. Man nennt dieses kaskadiertes Löschen.

Beispiel: Scheidet ein Mitarbeiter aus, wodurch sein Datensatz entfernt wird, könnten auch alle Datensätze in der Tabelle Reisen mit seiner Nummer gelöscht werden. Er scheidet somit als Mitarbeiter und Betreuer von einzelnen Reisen aus.

Für die Beziehung „Mitarbeiter bearbeitet Reise" sollte die Löschregel der referentiellen Integrität aber nicht angewendet werden, da die Datensätze in der Tabelle Reisen unserer Beispielanwendung immer erhalten bleiben sollen.

b.) beim versuchten Löschen von Datensätzen in der Mastertabelle kann diese *Löschung abgewiesen* werden, wenn noch referenzierte Datensätze in der Detailtabelle vorhanden sind.

Beispiel: Mitarbeiterdaten sollen nicht mehr gelöscht werden können, sobald sie einer Reise zugeordnet sind, d.h. ihr Primärschlüsselwert in der Tabelle Reisen als Fremdschlüssel auftaucht.

c.) Änderungen von Primärschlüsseln in der Mastertabelle führen automatisch zu *Änderungen der Fremdschlüssel* in den Detailtabellen. Man nennt dieses kaskadierte Änderungen.

Beispiel: Die Änderung einer Mitarbeiternummer in der Tabelle Mitarbeiter führt automatisch zur Änderung der entsprechenden Fremdschlüsselwerte in der Tabelle Reisen.

Typischerweise erlauben DBMS eine Auswahl dieser Regeln für die dem System vorher bekanntgemachten Beziehungen.

3.7 Kochrezepte – Beziehungen

Beziehungstypen beschreiben die Verbindungen zwischen Entitytypen in einer Datenbank. Zusammen mit den Tabellendefinitionen bilden sie das Datenbankschema. Zur Definition von Beziehungen ist folgendes Vorgehen praktikabel:

1. Suche nach Beziehungen zwischen Entitytypen. Sie werden typischerweise durch Verben benannt.

2. Quantifizierung der Beziehung und Feststellung des Beziehungstypen.

3. Bei 1:1-Beziehungen: Prüfen der Zusammenfassung aller Attribute in einem Entitytypen. (Dieses ist jedoch nicht immer sinnvoll)

4. Bei 1:n-Beziehungen: Das Primärschlüsselattribut der „1-Tabelle" (Mastertabelle) wird zusätzliches Attribut (Fremdschüssel) in der „n - Tabelle" (Detailtabelle).

5. Bei n:m-Beziehungen: Definition eines neuen Entitytypen. Übernahme der Primärschlüssel beider beteiligter Tabellen (jetzt Mastertabellen) als Fremdschlüssel in die neue „Auflösungstabelle" (Detailtabelle). Definition des Primärschlüssels (als zusammengesetzter Schlüssel oder als neues Attribut). Ggf. können zusätzliche Attribute in der Auflösungstabelle festgelegt werden.

6. Bei rekursiven Beziehungen: Aufnahme des Primärschlüsselattributs des betroffenen Entitytypen zusätzlich als Fremdschlüssel in die gleiche Tabelle, bzw. bei einer n:m Beziehung Definition einer Auflösungstabelle (wie oben in 5.)

In Abb. 47 wird eine Übersicht über die einzelnen Beziehungstypen angegeben.

Bezieh.-typ	Erläuterung	Beispiel	Entstehende Tabellen
1:1	Eine 1 : 1 Beziehung herrscht vor, wenn ein Entity des Entitytypen A mit genau einem Entity des Entitytypen B in Beziehung steht.	Ein Mitarbeiter hat genau ein Telefon. Ein Telefon ist genau einem Mitarbeiter zugeordnet	Die an der Beziehung beteiligten Entitytypen können in einer Tabelle zusammengelegt werden. Dieses ist jedoch nicht immer die günstigste Lösung. In unserem Bsp. werden die Informationen über das *Telefon* sowie die *Mitarbeiter* in der Tabelle *Mitarbeiter* gespeichert werden.
1 : n	Zu einem Entity des Entitytypen A können mehr als ein Entity des Entitytypen B zugeordnet werden. Zu jedem Entity des Entitytypen B gehört jedoch genau ein Entity des Entitytypen A.	In einem Büro (Mastertabelle) arbeiten mehrere Mitarbeiter. Jeder Mitarbeiter arbeitet in einem Büro.	Aus jedem an der Beziehung beteiligten Entitytypen entsteht eine Tabelle. In unserem Bsp. entstehen so die Tabellen *Büro* und *Mitarbeiter*.
n : m	Zu einem Entity des Entitytypen A können mehr als ein Entity des Entitytypen B zugeordnet werden. Zu jedem Entity des Entitytypen B können mehr als ein Entity des Entitytypen A gehören.	Ein Mitarbeiter betreut mehrere Kunden. Jeder Kunde wird von mehreren Mitarbeitern betreut.	Die an der Beziehung beteiligten Entitytypen ergeben jeweils eine Tabelle. Zusätzlich wird eine „Auflösungstabelle" definiert, die zu jeder der oben definierten Tabellen in einer 1:n Beziehung steht. In unserem Bsp. entstehen die Tabellen *Kunden, Mitarbeiter, Betreuung*.

Abb. 47: Übersicht über die Beziehungstypen

3.8 Übungen

Aufgabe 3.7.1

Welche Tabelle muss wie geändert werden, wenn die Zugehörigkeit von Mitarbeitern zu einer Abteilung gespeichert werden soll? Hierbei gilt, dass einer Abteilung mehrere Mitarbeiter zugeordnet sind, wogegen jeder Mitarbeiter nur zu einer Abteilung gehört (Als Basis gelten die in Abb. 17 dargestellten Beziehungen).

Aufgabe 3.7.2

Wie lautet der Name der (des) Kunden, der (die) die Reise mit Nummer 3 gebucht hat (haben) (siehe Abb. 27)?

Aufgabe 3.7.3

Welche Reisen hat der Kunde mit der Kundennummer 1 in Abb. 27 gebucht?

Aufgabe 3.7.4

Lässt es unser Datenbankschema zu, dass mehrere Mitarbeiter eine Reise bearbeiten (vgl. Abb. 17) ?

Aufgabe 3.7.5

Nennen Sie weitere mögliche rekursive Beziehungen aus diesem Anwendungsszenario. Wie würden sie umgesetzt?

Aufgabe 3.7.6

Welchen Einfluss hat die Überwachung der Referentiellen Integrität zwischen Reise und Reiseveranstalter bei der Vergabe von Werten für das Attribut ReiseveranstalterNr in Reise?

Aufgabe 3.7.7

Nennen Sie sinnvolle Einsätze für die Referentielle Integrität in unserem Beispielszenario.

4 Optimierung der Datenbank

In unserem Beispielszenario haben wir in den Kapiteln 1 und 2 einen ersten Entwurf eines Datenbankschemas geschaffen. Wir haben Mechanismen kennen gelernt, mit denen das Speichern von nicht korrekten Feldwerten weitgehend ausgeschlossen wird. Allerdings sind im Tabellenentwurf und in der Festlegung von Beziehungen noch Fallen und Probleme enthalten. Diese aufzuspüren und zu beseitigen ist Thema dieses Kapitels. Das Verfahren, das dabei zum Einsatz kommt, nennt man Normalisierung eines Datenbankschemas.

4.1 Atomare Werte

Zunächst wollen wir uns in unserem Reisebürobeispiel einige Attributdefinitionen in der Tabelle Kunden einmal genauer anschauen. Es sei darauf hingewiesen, dass aus Platzgründen das Attribut Kundenname in den folgenden Abbildungen mit Name bezeichnet ist.

Atomare Attribute sind besser handhabbar; zusammenbringen können wir sie später immer noch

Kunden

KundenNr	Name	Adresse
1	Claudia Dahms	Bergstraße 40 38640 Goslar
2	Werner Brütting	Kyfitig 15 38640 Goslar
3	Peter Müller	Friedrichstr. 188 38855 Wernigerode
4	Peter Meier	Tweete 20 38259 Salzgitter
5	Jason Wu	Podbielskiallee 155 30000 Hannover

Abb. 48: Nicht - atomare Werte in der Tabelle Kunde

Im Attribut Adresse steht die Postleitzahl, der Ort, die Straße und die Hausnummer. Dieses widerspricht unserer in Kapitel 2.2 erhobenen Forderung nach atomaren Werten in einem Attribut. Warum sollen aber

Attribute so fein wie möglich gegliedert werden? Der Vorteil der atomaren Zerlegung der Attribute liegt darin, dass:

- die Eingaben in die Felder durch Beschränkungen der Feldwerte genauer durch das DBMS kontrolliert werden können

- eine genauere Suche möglich ist

- eine schnellere Suche über ein Attribut durchgeführt werden kann

- der Speicherplatz kompakter genutzt werden kann.

Schauen wir uns hierzu die Tabelle in Abb. 48 an. Wie Sie zu Beginn dieses Buches lesen konnten, sollen die Attribute so fein wie möglich definiert werden um eben diese atomaren Werte zu erreichen. Dieses ist nicht erfolgt. Atomare Werte sind jedoch in Abb. 49 dargestellt.

Kunden

Kunden Nr	Kunden name	Vorname	PLZ	Ort	Straße
1	Dahms	Claudia	38640	Goslar	Bergstraße
2	Brütting	Werner	38640	Goslar	Kyfitig
3	Müller	Peter	38855	Wernigerode	Friedrichstr.
4	Meier	Peter	38259	Salzgitter	Tweete
5	Wu	Jason	30000	Hannover	Podbielskiallee

Abb. 49: Atomare Werte in der Tabelle **Kunde**

4.2   Datenredundanz in einer Tabelle

Die Tabelle in Abb. 49 enthält redundante Informationen. Unter *Redundanz* versteht man das mehrfache Vorhandensein von gleichen Informationen. Da wir durch redundante Daten keinen Informationsgewinn bekommen, können wir ganz allgemein sagen, dass redundante Daten überflüssig, also zu vermeiden sind. Redundante Daten verbrauchen zusätzlichen Speicherplatz und - viel wichtiger - solche Daten können durch ihre Änderungen zu Widersprüchen (Inkonsistenzen) mit anderen Daten führen.

Schauen wir uns dazu die beiden Attribute PLZ und Ort einmal genauer an. Nach dem Wissen der Autoren wird ein Ort eindeutig über eine bzw. mehrere Postleitzahlen definiert. Bei Änderungen dieser Daten tauchen drei Probleme auf (man spricht hier auch von „Update Anomalien"):

Redundante (mehrfach gehaltene) Daten bringen Probleme bei der Datenänderung

Was passiert, wenn die Postleitzahl 38640 in 38642 *geändert* wird? (Zugegeben – nicht besonders üblich. Aber mehr gibt unser Mini - Beispiel an dieser Stelle noch nicht her). Jeder Datensatz, der die Postleitzahl 38640 beinhaltet (dieses sind in unserem Beispiel 2 Datensätze) muss geändert werden. Was passiert aber, wenn man dieses in Datensatz *2* vergisst?

Es soll ein neuer Datensatz *eingefügt* werden. Dieser Datensatz beinhaltet ebenfalls die Postleitzahl 38640, aber beim Schreiben des Ortes *Goslar* entsteht ein Tippfehler und es heißt dort statt dessen „*Gislar*". Die PLZ 38640 ist nun zwei Orten zugeordnet. Ist die gespeicherte Information noch richtig? Können jetzt alle Goslarer Kunden über das Attribut Ort gesucht und gefunden werden?

Datensatz 4 soll *gelöscht* werden. Wird danach noch der Zusammenhang der Postleitzahl *38259* mit dem Ort „Salzgitter" gespeichert?

Die Antworten sprechen für sich und lassen die Schlussfolgerung zu, dass wir diesen Tabellenentwurf verändern müssen. Tatsächlich liegt hier eine sogenannte *Innere Abhängigkeit* in der Tabelle vor: die PLZ bestimmt immer eindeutig den Ortsnamen. Diese ist für obige innere Abhängigkeit verantwortlich. In einem optimierten Tabellenentwurf darf immer nur eine Abhängigkeit, nämlich die vom Primärschlüssel, ausgehen (hier: die KundenNr bestimmt immer eindeutig einen kompletten Kundendatensatz). Nur von alternativen Attributen (oder deren Kombinationen), die ebenfalls die Primärschlüsselbedingung erfüllen (sogenannte Schlüsselkandidaten), dürfen noch (alle) anderen Attribute abhängig sein.

„innere Abhängigkeiten" in einer Tabelle müssen durch weitere Zerlegungen entfernt werden

Die Lösung des Problems ist recht einfach. Da wir die Information über den Ortsnamen nicht verlieren möchten (aber auch nicht die Informationen über die Postleitzahl), werden wir das Attribut Ort in eine neuen Tabelle auslagern. Diese Tabelle nennen wir Ort, und sie beinhaltet das Attribut Ort. Als Primärschlüssel wird gerade das die innere Abhängigkeit auslösende Attribut PLZ definiert, das auf Grund

68

der 1:n-Beziehung zwischen Kunde und Ort in der Kundentabelle Fremdschlüssel werden muss.

Schauen wir uns die Auslagerung der inneren Abhängigkeit an:

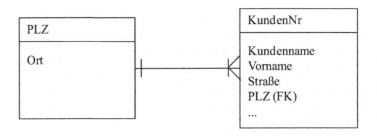

Abb. 50: Auslagerung der inneren Abhängigkeit in einer neuen Tabelle

Die Auswirkungen auf die Tabellen und ihre Einträge sind Abb. 51 zu sehen.

Kunden

Kunden Nr	Kunden name	Vorname	PLZ	Straße	
1	Dahms	Claudia	38640	Bergstraße	...
2	Brütting	Werner	38642	Kyfitig	...
3	Müller	Peter	38855	Friedrichstr.	...
4	Meier	Peter	38259	Tweete	...
5	Wu	Jason	30000	Podbielskiallee	...

Ort

PLZ	Ort
38640	Goslar
38642	Goslar
38855	Wernigerode
38259	Salzgitter
30000	Hannover

Abb. 51: Auslagerung der redundanten Daten in der Tabellensicht

Beim oben erläuterten Auslagern von mehrfach gleich vorkommenden Informationen aus den Tabellen spricht man auch von Normalisierung. Da es mehrere Formen der Normalisierung gibt, werden diese im folgenden Abschnitt näher erläutert.

4.3   Normalisierung

Wie schon gesehen, bezeichnet man unter Normalisierung das Aufteilen von Attributen einer Tabelle in mehrere Tabellen aus Optimierungsüberlegungen. Dadurch sollen ungewünschte Effekte beim Löschen, Einfügen und Ändern von Datensätzen mit „innerer Abhängigkeit" vermieden werden.

Betrachten wir nun die drei verschiedenen, aufeinander aufbauende Formen der Normalisierung. (Auf weitere Normalformen gehen wir in diesem Buch nicht ein.)

Durch Normalisierung von Tabellen-definitionen werden später Probleme vermieden

1. Normalform

Stehen in den Attributen einer Tabelle nur atomare Werte, so ist diese Tabelle in der ersten Normalform (1NF). Die in Abb. 52 gezeigte Tabelle befindet sich in 1NF.

Kunden

Kunden Nr (PK)	Kunden name	Mitarbeiter Nr	Mitarbeiter name	Reise Nr (PK)	Ziel	Preis
815	Meier	1	Sonnenberg	1	San Francisco	5000
815	Meier	1	Sonnenberg	2	Tokio	2500

Abb. 52: Kunden in 1NF

2. Normalform

Eine Tabelle befindet sich in der zweiten Normalform (2NF), wenn sie sich in der ersten Normalform befindet und weiterhin die Werte aller Nichtschlüssel-Attibute ausschließlich vom gesamten Primärschlüssel bestimmt werden, und nicht nur von Teilen eines zusammengesetzten Primärschlüssels. Das bedeutet, dass sich Tabellen, die keinen zusammengesetzten Primärschlüssel besitzen automatisch in 2NF befinden, sobald sie in 1NF sind.

Dieser Sachverhalt sei an einem Beispiel erläutert:

Primärschlüssel aus Attributkombinationen können Probleme mit der 2NF bereiten

In der Tabelle Kunden aus Abb. 52, in der Kunden zusammen mit ihren Reisen festgehalten werden, setzt sich der Primärschlüssel aus KundenNr und ReiseNr zusammen. In dieser Tabelle gibt es eine innere Abhängigkeit von der ReiseNr zu Preis und Ziel. Möchte man die Tabelle in 2NF überführen, kann einfach ein neues Attribut, das diesen Kundenbuchungen als Zähler dient, eingeführt werden. Dieses Attribut ist dann der neue, nicht zusammengesetzte Primärschlüssel LfdNr in Abb. 53. Dieses ist die einfachste Lösung zur Überführung unserer Beispieltabelle in in 2NF. Probleme mit der 2NF treten also nur bei zusammengesetzten Primärschlüsseln auf.

Kunden in 2NF

LfdNr (PK)	Kunden Nr	Kunden- name	Mitarbeiter Nr	Mitarbeiter name	Reise Nr	Ziel	...
23	815	Meier	1	Sonnenberg	1	San Francisco	...
24	815	Meier	1	Sonnenberg	2	Tokio	...

Abb. 53: Kunden – Reise in 2NF

3. Normalform

Eine Tabelle ist in 3NF, wenn sich eine Tabelle in der 2NF befindet, und zusätzlich keine Abhängigkeiten von „NICHT-Schlüssel" Attributen bestehen. Man spricht dann auch davon, dass keine inneren Abhängigkeiten existieren.

Die in Abb. 53 gezeigte Tabelle weist noch eine innere Abhängigkeit von *Preis* und *Ziel* zu ReiseNr auf. Weiterhin ist der Mitarbeiternname von der MitarbeiterNr und der Kundenname von der KundenNr abhängig. Dieses wird in der 3NF eliminiert, so dass der Entwurf aus Abb. 54 entsteht.

Damit haben wir einen Entwurfszustand erreicht, in dem wir die Probleme bei Datenänderungen und Datenlöschen vermeiden. In diesem Beispiel bedeutet das, dass der Mitarbeiter Schulz mit der Nummer 1 auch dann gespeichert bleibt, wenn er in keiner Kundenbuchung auftritt.

Wenn wir mit einem (Nicht-Schlüssel-) Attributwert immer den gleichen Teil-Datensatz erhalten müssen, liegt eine „innere Abhängigkeit" vor

Tabellen in 3NF

LfdNr(PK)	KundenNr	MitarbeiterNr	ReiseNr
23	815	1	1
24	815	1	2

KundenNr	Kundenname
815	Meier

MitarbeiterNr	Mitarbeitername
1	Sonnenberg

ReiseNr	Ziel	Preis
1	San Francisco	5000
2	Tokio	2500

Abb. 54: Tabellen in 3 NF

4.4 Kochrezepte - Optimierung

Die Optimierung von Tabellen dient primär der Vermeidung von redundanten Informationen und Inkonsistenzen in den Daten. Tabellen in der 3 NF vermeiden diese Probleme. Man erreicht diese optimierte Tabellenform durch folgende Schritte:

- Zerlegung der Eigenschaften, die einen Entitytypen beschreiben, in atomare (nicht mehr sinnvoll teilbare) Attribute.

- Suchen nach inneren Abhängigkeiten von Attributen in einem Entitytypen.

Bei Vorliegen von Abhängigkeiten in einem Entitytypen, Auslagerung der redundanten Informationen in einen neuen Entitytypen. Hierbei entsteht eine neue 1:n-Beziehung. Wie aus Abschnitt 3.3 bekannt, wird der Primärschlüssel der neuen Tabelle als Fremdschlüssel in der reduzierten Tabelle behalten.

4.5 Übungen

Aufgabe 4.5.1

Wir nehmen an, dass in einem ersten Entwurfsversuch alle Attribute zu Reiseveranstaltern der *Reisen*-Tabelle zugeschlagen wurden. Geben Sie, bezogen auf diese Situation, konkrete Fehler entsprechend den in 4.2 (1.-3.) genannten Problemen an.

Aufgabe 4.5.2

Worauf deutet das Auftreten von nicht-atomaren Werten in einem Fremdschlüssel-Attribut hin?

Aufgabe 4.5.3

Der Leser möge jetzt die bisher entwickelten Entitytypen und Beziehungen auf redundante Daten und nicht-atomare Attribute untersuchen. Falls vorhanden, sollen diese optimiert werden.

Aufgabe 4.5.4

Reiseziele liegen in Kontinenten. Erweitern Sie das Datenbank-Schema um diese Informationen. Beachten Sie die Normalisierungsregeln.

Aufgabe 4.5.5

Seien die Informationen über Reiseziele und dazugehörige Kontinente fälschlicherweise in einer Tabelle zusammengefasst. Geben Sie dazu ein Beispiel für eine Update Anomalien an.

5 Anfragen: suchen, verknüpfen, berechnen, verändern

Neben der Speicherung und konsistenten Änderung von Daten bieten DBMS die Möglichkeit, Daten miteinander zu verknüpfen und dies bei automatischer Suche und Datenänderungen auszunutzen. Datenbank-*Anfragen* ermöglichen diese Funktionalitäten.

Die Leserin ist nach Erarbeitung dieses Kapitels in der Lage, Anfragen an eine Datenbank zu erstellen und die weitergehenden Berechnungsmöglichkeiten, die Anfragen bieten, einzusetzen.

5.1 Einleitung

Anfragen können Datensätze selektieren oder mit Datensätzen anderer Tabellen verknüpfen – das Ergebnis ist immer in Tabellenform

Die Daten einer Datenbank werden in Tabellen gespeichert. Oftmals besteht der Wunsch, dem Nutzer nicht alle Attribute der Datensätze zugänglich zu machen, beispielsweise sollte die Sicht auf die Gehaltsstufe der Mitarbeiter nicht jedem Sachbearbeiter möglich sein. Diese eventuell sensiblen Attribute dürfen in den Tabellen jedoch nicht gelöscht werden, da sonst auch alle dort befindlichen Daten und Informationen gelöscht würden. Daher müssen DBMS einen Mechanismus zur Verfügung stellen, der es ermöglicht, einzelne Attribute zur Anzeige auszuwählen. Aber auch einzelne Datensätze dürfen ggf. nicht sichtbar sein.

Wir können Daten aus einer Datenbank mittels Anfragen auf diese extrahieren. Wird diese Anfrage dauerhaft gespeichert, so nennen wir diesen Mechanismus *View*. Ein View ist nichts anderes als eine neue Sicht auf *vorhandene* Daten. Es werden die Daten einer (oder mehrerer) vorhandener Tabelle(n) sozusagen durch eine andere Brille betrachtet, und nur diejenigen Informationen, die benötigt werden, können gefiltert angezeigt werden. Dieses Filtern kann sich sowohl auf einzelne Attribute (Spalten) als auch auf die Datensätze (Zeilen) beziehen.

Damit ist das Ergebnis einer Anfrage oder eines Views wieder eine Tabelle, die wiederum Grundlage von weiteren Anfragen oder Views sein kann. Diese Darstellungsform macht das Arbeiten mit Anfrageergebnissen sehr einfach und anschaulich – ein großer methodischer Vorteil Relationaler DBMS.

Einige Möglichkeiten von Anfragen gegen die Datenbank sind:

- Vereinfachung des Arbeitens. Große Datenbanken sind oftmals so komplex, dass der Nutzer Schwierigkeiten hat, die benötigten Informationen in akzeptabler Zeit zu ermitteln. Hier können Anfragen nicht relevante Daten ausblenden und bieten dadurch die Möglichkeit, die Suche in dem System einfacher zu gestalten.

- Berechnungen an Datensätzen können über Anfragen durchgeführt werden.

Alles, was wir „per Hand" aus den Daten berechnen können, erhalten wir auch über Anfragen an die Datenbank

- Beschränkung von Zugriffen auf unterschiedliche Daten, z. B. aus Gründen des Datenschutzes, können in der (Nicht-) Erlaubnis für bestimmte Anfragen realisiert werden.

Wir werden uns im folgenden auf eine genormte Menge von Mechanismen beziehen, die *Relationale Algebra* genannt wird. Unter einer Algebra wird in der Mathematik eine Wertemenge inklusive der auf ihr anwendbaren Operationen verstanden; in unserem Beispiel sind das die Tabellen (so genannte „Relationen") und die auf ihnen definierten Operationen.

Die Relationale Algebra bildet die Grundlage für das Arbeiten in Relationalen Datenbanken. Sie ist aber umständlich in der Entwicklung von Datenbank Anfragen. Dieses wird im Allgemeinen durch eine einfache Programmiersprache mit dem Namen SQL (Structured Query Language - Strukturierte Anfrage Sprache) durchgeführt, die auch die Relationale Algebra realisiert. Eine Einführung in diese Programmiersprache wird in Abschnitt 6 gegeben. In diesem Kapitel werden jedoch schon Beispiele gezeigt, die im weiteren Verlauf des Buchs noch vertieft werden.

SQL ist die Datenbank-Programmier-sprache für die allermeisten DBMS

Auch wenn viele DBMS zusätzlich zu SQL grafische Werkzeuge zur Anfrageentwicklung bieten, so ist doch ein Grundverständnis für SQL erforderlich. Da es aber unterschiedliche Versionen von SQL gibt und sich auch die SQL-Dialekte der DBMS - Anbieter unterscheiden, wollen wir an dieser Stelle und auch im folgenden Abschnitt nur einen Eindruck über die Basisbefehle der Programmiersprache geben.

5.2   Auswahlanfragen

Eine wichtige Operation in Datenbanken ist sicherlich die Suche nach relevanten Daten. Die entsprechende Funktion ist die Auswahlanfrage.

Problemstellung:

Die Projektion blendet nur einige Attribute (=Spalten) einer Tabelle ein

Werden jetzt die Informationen gesucht, die z. B. für ein Rundschreiben an die Mitarbeiterinnen und Mitarbeiter benötigt werden, so finden wir diese in der Tabelle Mitarbeiter. Diese ist in Abb. 55 dargestellt. Benötigt werden in diesem Fall aber nur der Mitarbeitername, der Vorname und die E-mail Adresse. Die Tarifgruppe und die MitarbeiterNr sind in diesem Fall nicht relevant. Die Tarifgruppe darf der Sekretärin sogar nicht zur Verfügung stehen. Es sollen also nur die Attribute Mitarbeitername, *Vorname* und E-mail aus der Tabelle extrahiert und angezeigt werden. In der Relationen Algebra bezeichnet man die Auswahl von Attributen aus einer Tabelle als *Projektion*. Das erwartete Ergebnis der Anfrage zeigt Abb. 56.

Mitarbeiter

MitarbeiterNr	Vorname	Mitarbeitername	Tarifgruppe	email
1	Susi	Sonnenberg	CD1	ssonne@fly.com
2	Bryan	Weckmann	CD2	bweck@fly.com
3	Paula	Winzig	CD1	p1winzig@fly.com
4	Margot	Picou	CD3	mpicou@fly.com
5	Sabine	Rönnicke	CD2	sroeck@fly.com
6	Paula	Winzig	CD2	p2winzig@fly.com

Abb. 55: Tabelle Mitarbeiter

Vorname	Mitarbeitername	email
Susi	Sonnenberg	ssonne@fly.com
Bryan	Weckmann	bweck@fly.com
Paula	Winzig	p1winzig@fly.com
Margot	Picou	mpicou@fly.com
Sabine	Rönnicke	sroeck@fly.com
Paula	Winzig	p2winzig@fly.com

Abb. 56: Projektion auf die Tabelle Mitarbeiter aus Abb. 55

Unsere Projektion lautet in SQL:

```
SELECT      Vorname, Mitarbeitername, email

FROM  Mitarbeiter;
```

Codebeispiel 1: Projektion in SQL

Der Begriff SELECT steht für Auswahl, gefolgt von den in der Ergebnistabelle gewünschten Attributen. Ein * steht an dieser Stelle als Platzhalter und wählt alle Attribute aus. FROM legt die Tabelle fest, aus der die Attribute ausgewählt werden sollen.

In unserer nächsten Beispielanfrage sollen nicht die anzuzeigenden Attribute ausgewählt werden, sondern bestimmte Datensätze. Zum Beispiel werden zum Valentinstag alle Mitarbeiterinnen des Unternehmens gesucht. Somit dürfen die Datensätze, in denen im Feld Geschlecht ein „m" steht, nicht mehr angezeigt werden. Wir sprechen in

Die Restriktion zeigt nur bestimmte Datensätze (=Zeilen) einer Tabelle

der Relationalen Algebra von einer *Restriktion* (auch als Selektion bezeichnet). Das erwartete Ergebnis zeigt Abb. 57

MitarbeiterNr	Vorname	Mitarbeitername	...	email
1	Susi	Sonnenberg	...	ssonne@fly.com
3	Paula	Winzig	...	p1winzig@fly.com
4	Margot	Picou	...	mpicou@fly.com
5	Sabine	Rönnicke	...	sroeck@fly.com
6	Paula	Winzig	...	p2winzig@fly.com

Abb. 57: Ergebnis der Anfrage nach Mitarbeiterinnen

Die Umsetzung in SQL würde durch die folgende Befehlsfolge realisiert:

```
SELECT *

FROM  Mitarbeiter

WHERE Geschlecht='w';
```

Codebeispiel 2: Selektion in SQL

SQL-Operatoren lassen sich kombinieren und Anfragen lassen sich sogar schachteln, denn Teilergebnisse sind wieder Tabellen

Hierbei steht `SELECT  *` für die Auswahl aller Attribute, `FROM Mitarbeiter` für die Definition der Herkunftstabelle und `WHERE Geschlecht = 'w'` für die Bedingung, die für die anzuzeigenden Datensätze gelten soll.

Da das Ergebnis einer SQL-Operation wiederum eine Tabelle ist, können SQL-Operationen natürlich auch nacheinander angewendet werden (verschachtelt, auf das Ergebnis der vorhergehenden SQL-Operation). Soll z. B. nur der Nachname und Vorname sowie die email der (männlichen) Mitarbeiter angezeigt werden, so ergibt sich folgender Ausdruck als Kombination aus Restriktion und Projektion, in SQL umgesetzt:

```
SELECT Vorname, Mitarbeitername, E-mail

FROM  Mitarbeiter

WHERE Geschlecht='m';
```
Codebeispiel 3: Kombination Projektion und Restriktion in SQL

Umgangssprachlich bedeutet das: zeige die Attribute Vorname, Mitarbeitername, Email nur der Mitarbeiter - Datensätze, in denen das Attribut *Geschlecht* den Wert *'m'* beinhaltet.

Die Ergebnistabelle zu dieser Restriktion ist in Abb. 58 zu sehen.

Vorname	Mitarbeitername	email
Bryan	Weckmann	bweck@fly.com

Abb. 58: Kombination aus Restriktion und Projektion

5.3   Tabellenverknüpfungs-Anfragen

Wie wir in den bisherigen Kapiteln sehen konnten, sind die Informationen in einer Datenbank in vielen kleinen Tabellen gespeichert, die nicht unbedingt für den Menschen unmittelbar interpretierbar sind. Vergleiche hierzu die Tabelle Buchung aus Abb. 27. Dieses folgt unmittelbar aus einem korrekten Entwurf. Für die Nutzung der Daten sind aber häufig die Zusammenhänge zwischen den Datensätzen aus verschiedenen Tabellen von Interesse. Anfragen an die Datenbank bieten Mechanismen an, diese Zusammenhänge automatisch zu generieren. Alle Informationen, die wir „per Hand" aus den Daten der Datenbank gewinnen könnten, können wir auch durch entsprechende Anfragen berechnen – nur eben viel schneller und korrekt!

Über die Beziehungen werden Datensätze aus verschiedenen Tabellen in Anfragen leicht kombiniert

Eine zentrale Rolle beim „Zusammenbau" der Datensätze spielen wieder die Beziehungen zwischen den Tabellen, die wir in Kapitel 3 kennengelernt haben. Tabellenverknüpfungsanfragen können diese Beziehungen benutzen. Die Tabellen werden über die an den Beziehungen beteiligten Attribute miteinander verknüpft.

Gegeben seien die beiden Tabellen Reise (Fremdschlüssel[6] Reiseveranstalter) und Reiseveranstalter (Primärschlüssel ReiseveranstalterNr) aus Abb. 59.

Reisen

ReiseNr	Ziel	Datum	Preis	Reiseveranstalter
1	1	01.01.03	5000	1
2	3	01.01.03	2500	2
3	1	01.02.03	1250	1
4	4	05.05.03	2000	3
5	1	05.07.03	1800	4
6	2	08.08.03	1900	6

Reiseveranstalter

ReiseveranstalterNr	Bezeichnung	PLZ	Telefon
1	Schöne Ferien	30682	0511-12345
2	Los geht's	30564	0511-98765
3	Weit weg	56450	0211-64564
4	Reise und Kultur	56054	0211-64546
5	Junge Reisen	30682	0511-55555

Abb. 59: Tabellen Reise und Reiseveranstalter

Gesucht wird eine Sicht auf die Daten, die die Namen der Reiseveranstalter der einzelnen angebotenen Reisen zusätzlich anzeigt. Hierzu werden beide Tabellen verknüpft. Im Folgenden sollen nun die unterschiedlichen Verknüpfungsmethoden erklärt werden.

5.3.1 Natural Join

Die gebräuchlichste Verknüpfung ist der Natural Join (auch Inner Join genannt). Hierbei werden die Datensätze angezeigt, deren Inhalte in den

---

[6] Das Fremdschlüssel-Attribut muss nicht zwangsläufig den Namen des korrespondierenden Primärschlüssels der Mastertabelle erhalten; es vereinfacht aber in einigen DBMS die Formulierung einiger Anfragen an die Datenbank (siehe Kapitel 5.3.1).

verknüpften Feldern beider Tabellen übereinstimmen (hier also: Reiseveranstalter in der Tabelle Reisen und ReiseveranstalterNr in der Tabelle Reiseveranstalter). Das bedeutet aber auch, dass Datensätze, deren Primärschlüsselwert in der Detailtabelle nicht als Fremdschlüssel vorhanden sind, auch nicht angezeigt werden.

Das Ergebnis eines Natural Join zwischen den Tabellen Reisen und Reiseveranstalter ist in Abb. 60 dargestellt.

Join durch Wertevergleich: wenn Fremdschlüssel = Primärschlüssel, dann zusammen anzeigen

ReiseNr	Ziel	Datum	Preis	Bezeichnung
1	1	01.01.03	5000	Schöne Ferien
2	3	01.01.03	2500	Los geht's
3	1	01.02.03	1250	Schöne Ferien
4	4	05.05.03	2000	Weit weg
5	1	05.07.03	1800	Reise und Kultur

Abb. 60: Ergebnis der Anfrage: Natural Join Reisen/Reiseveranstalter

Der Reiseveranstalter Junge Reisen aus Abb. 59 mit der ReiseveranstalterNr *5* ist im Join, der in Abb. 60 dargestellt ist, nicht zu sehen, da es in der Detailtabelle Reisen keinen Datensatz mit der Attributsausprägung Reiseveranstalter = *5* gibt. Das bedeutet, dass , der Reiseveranstalter *Junge Reisen* zwar als Reiseveranstalter geführt ist, jedoch gemäß unserer Datenlage hier keine Reisen anbietet. Auch die Reise mit der ReiseNr *6* wurde nicht angezeigt, da zu ihr kein Reiseveranstalter in der gleichnamigen Tabelle mit der ReiseveranstalterNr *6* gespeichert wurde. Es sei an dieser Stelle angemerkt, dass dieses der referentiellen Integrität widersprechen würde.

In SQL wird der Natural Join wie folgt umgesetzt[7]:

```
SELECT      ReiseNr, Ziel, Datum, Preis, Bezeichnung

FROM        Reisen NATURAL JOIN Reiseveranstalter ON
            Reisen.Reiseveranstalter =
            Reiseveranstalter.ReiseveranstalterNr
```

Codebeispiel 4: SQL- Natural Join

5.3.2   Outer Join

Im Gegensatz zum Natural Join ergänzt der Outer Join das Ergebnis um die nicht verknüpften Datensätze beider Tabellen. Dadurch gehen keine (Teil-) Datensätze in der Ergebnistabelle verloren. Es kann allerdings vorkommen, dass einige Feldeinträge leer bleiben, da keine referenzierten Daten in Master -, bzw. Detailtabelle für jeden Eintrag der anderen Tabelle vorhanden sein müssen.

Wir wollen alle Datensätze beider Tabellen

Der entsprechende Outer Join der Tabellen **Reisen** und **Reiseveranstalter** ist in Abb. 61 zu sehen.

ReiseNr	Ziel	Datum	Preis	Bezeichnung
1	1	01.01.03	5000	Schöne Ferien
2	3	01.01.03	2500	Los geht's
3	1	01.02.03	1250	Schöne Ferien
4	4	05.05.03	2000	Weit weg
5	1	05.07.03	1800	Reise und Kultur
6	2	08.08.03	1900	
				Junge Reisen

Abb. 61: Ergebnis der Anfrage: Outer Join Reisen/Reiseveranstalter

5.3.3   Left Join, Right Join

Der Left Join (sowie auch der Right Join) können als Sonderformen des Outer Join betrachtet werden. Hierbei werden alle Datensätze der als

---

[7] Die Voranstellung des Tabellennamens (`Reisen.ReiseveranstalterNr` etc.) ist zur Unterscheidung von gleichbenannten Attributen aus verschiedenen Tabellen erforderlich.

„links" (bzw. „rechts") definierten Tabelle angezeigt und gleichzeitig nur die referenzierten Datensätze der rechten Tabelle. Daraus folgt, dass einige Attribute leer bleiben können, sobald in der linken Tabelle Attributausprägungen vorkommen, die in der rechten Tabelle nicht auftreten (bzw. umgekehrt).

Wir wollen alle Datensätze – aber nur von einer Tabelle

Was nun als linke bzw. rechte Tabelle definiert wird, hängt vom SQL-Statement ab. in Codebeispiel 5 ist der Ausdruck LEFT JOIN zu sehen. Analog gibt es natürlich auch den Begriff RIGHT JOIN. Die Tabelle, die links von diesem Ausdruck steht, die linke Tabelle. Analog ist die Tabelle, die rechts neben dem Befehl steht, die rechte Tabelle.

Der Left Join der Tabellen aus Abb. 59 ist in Abb. 62 zu sehen. Hier ist als linke Tabelle die Tabelle *Reisen* definiert worden (vgl. Codebeispiel 5) Es werden alle (!) Reisedaten zusammen mit dem Namen des Reiseveranstalters dargestellt.

ReiseNr	Ziel	Datum	Preis	Bezeichnung
1	1	01.01.03	5000	Schöne Ferien
2	3	01.01.03	2500	Los geht's
3	1	01.02.03	1250	Schöne Ferien
4	4	05.05.03	2000	Weit weg
5	1	05.07.03	1800	Reise und Kultur
6	2	08.08.03	1900	

Abb. 62: Ergebnis der Anfrage: Left Join Reisen/Reiseveranstalter

In SQL wird der Left Join wie folgt umgesetzt:

```
SELECT ReiseNr, Ziel, Datum, Preis, Bezeichnung

FROM Reisen LEFT JOIN Reiseveranstalter

ON Reisen.Reiseveranstalter=

Reiseveranstalter.ReiseveranstalterNr;
```

Codebeispiel 5: SQL Left Join

Mit dem Right Join werden alle Datensätze der rechten Tabelle übernommen, auch wenn die „linke Tabelle" keine referenzierten Daten beinhaltet.

Abb. 63 zeigt den Right Join der o.g. Tabellen, also alle (!) gespeicherten Reiseveranstalter, auch wenn sie in diesem Reisebüro keine Reisen anbieten.

ReiseNr	Ziel	Datum	Preis	Bezeichnung
1	1	01.01.03	5000	Schöne Ferien
2	3	01.01.03	2500	Los geht's
3	1	01.02.03	1250	Schöne Ferien
4	4	05.05.03	2000	Weit weg
5	1	05.07.03	1800	Reise und Kultur
				Junge Reisen

Abb. 63: Ergebnis der Anfrage: Right Join Reisen/Reiseveranstalter

In SQL wird der Right Join wie folgt umgesetzt:

```
SELECT ReiseNr, Ziel, Datum, Preis, Bezeichnung

FROM Reisen RIGHT OUTER JOIN Reiseveranstalter

ON Reisen.Reiseveranstalter=

Reiseveranstalter.ReiseveranstalterNr;
```

Codebeispiel 6: SQL Right Join

Da verknüpfte Tabellen wieder Tabellenform haben, können die relationalen Operationen wie *Projektion* und *Restriktion* auch auf solche Ergebnisse angewendet werden. Weiterhin ist zu bemerken, dass Verknüpfungen nicht auf zwei Tabellen beschränkt sind, sondern beliebig viele Tabellen umfassen können. Als Beispiel betrachten wir die Zusammenstellung aller Reisedaten, mit Veranstalter und der Zielort-Angabe. Diese geschachtelte Anfrage wollen wir nun schrittweise entwickeln.

Die Reiseziele des Reiseveranstalters *Schöne Ferien* sollen ausgeben werden; dazu müssen wir noch die Tabelle Ziel aus Abb. 64 verknüpfen, eine Projektion auf die Attribute Reiseziel (der Tabelle Ziel) und Bezeichnung (der Tabelle Reiseveranstalter) sowie eine Restriktion Bezeichnung = 'Schöne Ferien' durchführen. Die Basistabellen, die alle Informationen speichern sind Abb. 64 zu sehen.

Reisen

ReiseNr	Ziel	Datum	Preis	Reiseveranstalter
1	1	01.01.03	5000	1
2	3	01.01.03	2500	2
3	1	01.02.03	1250	1
4	4	05.05.03	2000	3
5	1	05.07.03	1800	4
6	2	08.08.03	1900	6

Reiseveranstalter

ReiseveranstalterNr	Bezeichnung	PLZ	Telefon
1	Schöne Ferien	30682	0511-12345
2	Los geht's	30564	0511-98765
3	Weit weg	56450	0211-64564
4	Reise und Kultur	56054	0211-64546
5	Junge Reisen	30682	0511-55555

Ziel

ReiseZielNr	Reiseziel
1	San Francisco
2	New York
3	Tokio
4	Los Angeles

Abb. 64: Tabellen Reisen, Reiseveranstalter und Ziel

Als Erstes erstellen wir einen Inner Join der Tabellen Reisen, Reiseveranstalter und Ziel.

ReiseNr	Reiseziel	Datum	Preis	Bezeichnung
1	San Francisco	01.01.03	5000	Schöne Ferien
2	Tokio	01.01.03	2500	Los geht's
3	San Francisco	01.02.03	1250	Schöne Ferien
4	Los Angeles	05.05.03	2000	Weit weg
5	San Francisco	05.07.03	1800	Reise und Kultur

Abb. 65: Ergebnis der Anfrage: Inner Join Reisen/ Reiseveranstalter /Ziel

Als nächstes führen wir eine Projektion auf die Attribute Reiseziel (Herkunft: Tabelle Ziel) und Bezeichnung (Herkunft: Tabelle Reiseveranstalter) durch:

Reiseziel	Bezeichnung
San Francisco	Schöne Ferien
Tokio	Los geht's
San Francisco	Schöne Ferien
Los Angeles	Weit weg
San Francisco	Reise und Kultur

Abb. 66: Ergebnis der Anfrage: Projektion auf Ziel und Bezeichnung in Reisen/Reiseveranstalter/Ziel

Es folgt die Restriktion auf die Datensätze, deren Bezeichnung den Wert *Schöne Ferien* hat, und Projektion auf Reiseziel.

Reiseziel
San Francisco

Abb. 67: Ergebnis der Anfrage: Restriktion mit dem Wert von 'Schöne Ferien' in Bezeichnung auf die Projektion auf Ziel in Reisen/ Reiseveranstalter/Ziel

In SQL wird dieses Szenario wie folgt umgesetzt:

```
SELECT DISTINCT Ziel.Reiseziel

FROM  Reiseveranstalter INNER JOIN

              (Ziel INNER JOIN Reisen ON
              Ziel.ReisezielNr=Reisen.Ziel) ON

          Reiseveranstalter.ReiseveranstalterNr=
          Reisen.Reiseveranstalter

WHERE   Reiseveranstalter.Bezeichnung='Schöne Ferien';
```

Codebeispiel 7: SQL Kombination Selektion, Projektion, InnerJoin

5.4   Berechnungen innerhalb der einzelnen Datensätze

Eine Aufgabenstellung, die beim Einsatz elektronischer Informationssysteme immer wieder auftritt, ist die Berechnung von Werten aus schon vorhandenen Daten.

In Anfragen darf auch gerechnet werden – alles das, was man auch per Hand ermitteln kann ...

Regelmäßig wird die Mehrwertsteuer von einem Nettobetrag berechnet, Gesamtpreise werden aus den Mengenangaben und Einzelpreisen berechnet und der Inventurwert einer Produktgruppe ergibt sich aus ihrer spezifischen Menge in der Menge aller Produkte, multipliziert mit dem Einzelpreis.

Datenbanken können diese alltäglichen Arbeiten automatisieren und aus einzelnen Datensätzen Werte berechnen.

Das Werkzeug hierzu sind ebenfalls Anfragen. Sie bieten die Möglichkeit, Werte für neue Felder, die sich aus einem oder mehreren Attributen einer oder mehrerer Tabellen berechnen lassen, zu erstellen.

Wir wollen dieses an einem Beispiel erläutern:

Reisen

ReiseNr	Ziel	Datum	Preis	Reiseveranstalter
1	1	01.01.03	5000	1
2	3	01.01.03	2500	2
3	1	01.02.03	1250	1
4	4	05.05.03	2000	3
5	1	05.07.03	1800	4
6	2	08.08.03	1900	6

Abb. 68: Tabelle Reisen

In der Tabelle sind die angebotenen Reisen mit den dazugehörigen Nettopreisen (*Preis*) gespeichert. Nun wäre es umständlich, aus jedem einzelnen Preis die Mehrwertsteuer zu berechnen und durch manuelle Summenbildung dieser Werte den Bruttopreis zu berechnen. Die Tabelle soll automatisch um die Felder MwSt und Bruttopreis mit den entsprechenden Werten ergänzt werden.

Reisen-Berechnung

Das Ergebnis einer Anfrage mit zwei berechneten Feldern MMwSt und Brutto

ReiseNr	Ziel	Datum	Preis	MwSt	Bruttopreis
1	1	01.01.03	5000	950	5950
2	3	01.01.03	2500	475	2975
3	1	01.02.03	1250	237,5	1487,5
4	4	05.05.03	2000	380	2380
5	1	05.07.03	1800	342	2142
6	2	08.08.03	1900	361	2261

Abb. 69: Ergebnis-Tabelle Reisen-Anfrage mit neu berechneten Feldern MwSt und Bruttopreis

Die Werte der Attribute MwSt und Brutto lassen sich unmittelbar aus dem Feld Preis errechnen, ohne zusätzliche Dateneingaben (es ist sogar so, dass die gesonderte Erfassung von Werten, die auch aus einer Berechnung ermittelt werden könnten, wieder eine unschöne Datenredundanz mit allen ihren Update-Problemen hervorrufen). Hierzu werden in Anfragen sogenannte *Berechnungsausdrücke* benötigt. Die

Spalte der MwSt ergibt sich aus der Multiplikation der Attributwerte Preis mit dem Mehrwertsteuersatz (hier: 0,19), die Ausprägungen in der Spalte Brutto aus der Multiplikation der Preise mit dem Ausdruck (1+0,19) oder der Summe der Spalten MwSt. und Preis. Jeder Berechnungsausdruck wird noch mit einem Namen versehen, der die Spaltenüberschrift bildet.

In unserem Beispiel sind in der BerechnungsAnfrage folgende Berechnungen durchzuführen:

```
MwSt      berechnet sich aus  Preis * 0,19
Brutto    berechnet sich aus  Preis + MwST
```

Die Schreibweise derartiger Berechnungsausdrücke ist bei jedem DBMS unterschiedlich. Für die zwei hier ausgewählten DBMS sind die Berechnungsausdrücke im Anhang zu finden.

In SQL wird die Berechnung wie folgt umgesetzt:

```
SELECT Reisen.ReiseNr, Reisen.Ziel, Reisen.Datum,
Reisen.Preis, (Preis)*0.19 AS MwSt, (Preis)+(MwSt) AS
Bruttopreis
FROM Reisen;
```

Codebeispiel 8: SQL-Berechnungsausdrücke

Diese Berechnungen werden für jeden Datensatz, der in der Anfrage auftritt, einzeln vorgenommen.

Wie oben schon erwähnt, erstellen Anfragen keine neuen Daten. Vielmehr sind die berechneten Werte temporär. Sie werden bei jeder Durchführung einer Anfrage neu berechnet.

Im Hinblick auf das o.g. Beispiel ist noch zu sagen, dass sich Mehrwertsteuersätze natürlich ändern. Um eine reale Berechnung durchführen zu können, sind unterschiedliche Sätze in unterschiedlichen Zeiträumen zu berücksichtigen.

5.5   Berechnungen über eine Menge von Datensätzen

Berechnungen werden aber nicht nur in einzelnen Datensätzen durchgeführt. Die Praxis bietet eine Menge von Problemstellungen, die Berechnungen über eine bestimmte Menge oder alle Datensätze erfordern. Wir betrachten folgendes Beispiel:

Für die Vergabe von Prämien ist es wichtig, eine Summe der verkauften Reisen pro Mitarbeiter zu berechnen. In unserem Fall mag das auch noch mit Bleistift und Papier möglich sein, bei mehreren Hundert Datensätzen wäre dieser Aufwand jedoch unverhältnismäßig hoch. Wir sehen uns wieder die Tabellen Buchung und Reisen in Abb. 70 an.

Reisen

ReiseNr	Ziel	Datum	Preis	Reiseveranstalter
1	1	01.01.03	5000	1
2	3	01.01.03	2500	2
3	1	01.02.03	1250	1
4	4	05.05.03	2000	3
5	1	05.07.03	1800	4
6	2	08.08.03	1900	6

Buchung

BuchungsNr	Datum	MitarbeiterNr	KundenNr	ReiseNr
1	01.01.03	3	2	1
2	02.09.03	2	3	5
3	05.05.03	2	2	6
4	06.05.03	5	4	4
5	06.07.03	5	5	3
6	01.08.03	5	3	1

Abb. 70: Tabellen Buchung und Reisen

Um eine Übersicht über die Umsätze der einzelnen Mitarbeiter zu erhalten, erstellen wir als erstes einen Join über die Tabellen Buchung, Reisen und Mitarbeiter. Wir erhalten alle Buchungen mit Name und Nummer sowie Reisepreis als Ergebnis in Abb. 71.

BuchungsNr	MitarbeiterNr	Mitarbeitername	Preis
1	3	Winzig	5000
2	2	Weckmann	1800
3	2	Weckmann	1900
4	5	Rönnicke	2000
5	5	Rönnicke	1250
6	5	Rönnicke	5000

Abb. 71: Join über Reisen, Buchung, Mitarbeiter

In SQL wird die Anfrage für Abb. 71 wie folgt erstellt:

```
SELECT Buchung.BuchungsNr, Mitarbeiter.MitarbeiterNr,
Mitarbeiter.Mitarbeitername, Reisen.Preis

FROM Reisen INNER JOIN

     (Mitarbeiter INNER JOIN Buchung ON
     Mitarbeiter.MitarbeiterNr =  Buchung.MitarbeiterNr) ON

Reisen.ReiseNr = Buchung.ReiseNr;
```

Codebeispiel 9: Geschachtelte InnerJoins in SQL

In Abb. 71 sind alle Informationen, die für eine Provisionsberechnung benötigt werden, vorhanden. Jedoch ist auch ersichtlich, dass es große Mühe machen würde, die einzelnen Summen pro Mitarbeiter zu addieren. Hier muss eine Berechnung (hier: Addition) über Mengen von Datensätzen durchgeführt werden.

Derartige Berechnungen nennt man *Aggregationen*. Aggregationsanfragen *gruppieren die Datensätze* nach definierten Attributen (bei uns nach der MitarbeiterNr) und führen Aggregationsberechnungen für weitere Felder (in unserem Falle Preis) für jede dort zusammengefasste Gruppe gesondert durch. Werden keine zu gruppierenden Attribute angegeben, erfolgt die Berechnung über alle Datensätze der Tabelle.

Berechnungen über Werten eines Attributes über einer Menge von Datensätzen heißen Aggregation

Die im SQL Standard definierten Aggregationsfunktionen

- Summe (SUM)

- Anzahl (COUNT)

- Minimum (MIN)

- Maximum (MAX)

- Durchschnitt (AVG)

können über die Werte eines (!) Attributes aus einer Datensatzmenge das entsprechende Ergebnis berechnen.

Die aggregierten Daten für unsere Problemstellung sind in Abb. 72 zu sehen. Hier sind die Reisepreise pro Mitarbeiterin und Mitarbeiter gruppiert und dann summiert worden.

MitarbeiterNr	Mitarbeitername	SummevonPreis
2	Weckmann	3700
3	Winzig	5000
5	Rönnicke	8250

Abb. 72: Summierung der Preise über die aggregierten Datensätze

Schauen wir uns den Berechnungsprozess bei der Aggregation noch einmal genau an: Berechne die Summe (den Durchschnitt, das Minimum, u.s.w.) der bearbeiteten Preise von Reisen pro Mitarbeiter. Dieses bedeutet in unserer Datenbank eine Gruppierung nach MitarbeiterNr („pro") und die „Summierung" über den Preis der bearbeiteten Reisen der Mitarbeiter. Der SQL-Ausdruck sieht wie folgt aus:

```
SELECT Mitarbeiter.MitarbeiterNr, Mitarbeitername,
Sum(Reisen.Preis) AS SummevonPreis

FROM Reisen INNER JOIN (Mitarbeiter INNER JOIN Buchung ON
Mitarbeiter.MitarbeiterNr = Buchung.MitarbeiterNr) ON
Reisen.ReiseNr = Buchung.ReiseNr

GROUP BY Mitarbeiter.MitarbeiterNr, Mitarbeitername;
```

Codebeispiel 10: Aggregationsfunktion SQL

5.6   Transaktionen

Bisher sind wir davon ausgegangen, dass zu einem Zeitpunkt auch nur *ein* Nutzer auf unsere DB zugreift. Dieses trifft natürlich nur für "Desktop"-Datenbanken zu, die wir lokal auf einem PC installiert haben und die insbesondere nicht *durch mehrere Nutzer gleichzeitig* genutzt werden können. Oft ist aber gerade das Gegenteil der Fall: eine DB steht im Netz vielen Nutzern gleichzeitig zur Verfügung. Denken wir nur an die Buchungssysteme in unserer Reisebürowelt! Dass diese Situation zu Problemen bei der korrekten Durchführung von Änderungsanweisungen führen kann, wollen wir uns an folgendem Beispiel klar machen.

Im Mehrbenutzer-betrieb müssen Transaktionen definiert werden

Beispiel:

Wir möchten für unsere vierköpfige Reisegruppe eine Reise nach London buchen. Die Reise kann für insgesamt maximal 20 Personen durchgeführt werden. Über eine entsprechende SELECT-Anfrage wird festgestellt, dass tatsächlich genau vier Plätze frei sind. D. h. 16 Reiseplätze sind schon vergeben. Nun starten wir die Buchung für die erste der vier Personen durch entsprechende Einfüge- und Änderungsanweisungen (in SQL). Bei der Einbuchung der zweiten Person liefert das DBMS eine Rückmeldung, dass die Reise jetzt ausgebucht ist. Wie konnte das passieren?

Zwischen unseren zwei Buchungen bearbeitete das DBMS zwei Buchungen eines anderen Kunden, der zeitgleich auf die DB zugreift. Da der Computer, auf dem das DBMS installiert ist, im Mehrbenutzerbetrieb nach einem bestimmten Verfahren auch andere Nutzer bedient, konnte dieser Kunde seine Buchungen einbringen, bevor wir mit unserer zweiten Buchung zum Zuge kamen. Die DB enthält zwar nach wie vor konsistente Daten (d. h. hier: keine Überbuchung der Reise), unsere Aktivitäten sind für uns aber höchst unbefriedigend durchgeführt

Transaktionen werden nur ganz-oder-gar-nicht durchgeführt

worden. Wir können nur zufrieden sein, wenn die vier freien Plätze auch wirklich komplett von unserer Gruppe genutzt werden können – zwischen der Auskunft über die freien Plätze und der vollständigen Buchung ihrer gesamten Gruppe darf sich kein anderer Kunde in die Buchung dieser Reise drängeln. So eine Folge von Aktionen, die "Ganz-oder-gar-nicht" ausgeführt werden sollen, nennen wir eine Transaktion.

Strategien für die Festlegung von Transaktionen

Transaktionen sollen nicht zu kurz und nicht zu lang sein

Wie wir an obigem Beispiel sehen, hat die Definition einer Transaktion einen Einfluss auf die Durchführung von Aufträgen durch andere Nutzer. Da uns die betroffenen Datensätze während der Durchführung aller vier Buchungen exklusiv zur Verfügung stehen müssen, müssen andere Aufträge im Extremfall auf das Ende unserer Transaktion warten und verzögern sich entsprechend. Um die Einschränkungen für andere Nutzer möglichst gering zu halten und unsere Transaktion dennoch sicher ausführen zu lassen, verfügen DBMS, die für die gleichzeitige Nutzung durch mehrere Nutzer ausgelegt sind, über ausgeklügelte interne Mechanismen, die der DB-Administrator auch kennen muss. Für den DB-Anwender (die Zielgruppe unseres Buches) genügt an dieser Stelle die Faustregel, die Aufträge anderer Nutzer nicht durch unnötig lange Transaktionen warten zu lassen. Das bedeutet, dass sich Transaktionen wirklich nur auf die notwendig zusammengehörige Sequenz von Anweisungen beschränken sollten.

In obigem Beispiel könnte man die Anfrage nach freien Plätzen und die anschließenden vier Buchungen als eine Transaktion definieren. Aber auch die Einschränkung nur auf die vier Buchungen würde uns zum gleichen Ergebnis führen: als Transaktion werden alle vier oder gar keine Änderung durchgeführt.

SQL-Darstellung:

In SQL wird jede Folge von SQL-Anweisungen bis zur Anweisung COMMIT; als eine Transaktion angesehen. Erst mit der COMMIT; Anweisung werden alle zwischengespeicherten Änderungen gleichzeitig durchgeführt.

```
Beginn der Transaktion:
SQL-Anweisungen durchführen ...

commit;
```

5.7 Sicherheit in Datenbanken

Neben dem im vorigen Abschnitt beschriebenen Transaktionskonzept ist das Vorhandensein von Mechanismen zur Erhaltung der Datensicherheit ein wichtiges Qualitätskriterium beim Einsatz von DBMS. Dabei unterscheiden wir zwischen der Gewährleistung der Datenkonsistenz auch bei technischen Problemen und auf der anderen Seite der widerrechtlichen Nutzung von Daten.

5.7.1 Datensicherheit bei technischen Störungen

Störungen können durch Fehler des Software-Systems auftreten oder durch Hardware-Probleme (z. B. beim Zugriff auf die Platte oder beim Ausfall der Daten im Hauptspeicher durch Stromverlust). Dabei gehen immer Daten verloren – ein gutes DBMS versucht allerdings, den mit der Herstellung einer konsistenten Version der DB verbundenen

Arbeitsaufwand zu minimieren. Dies geschieht durch folgende abgestufte Maßnahmen:

Wochenweise wird typischerweise einmal eine Komplettsicherung (Kopie) der DB durch den Administrator durchgeführt.

Täglich (typischerweise in der Nacht) wird eine Sicherung der Änderungen zur Sicherung des Vortages durchgeführt (Differenzsicherung). Mit der Komplettsicherung und den Differenzsicherungen ist somit eine konsistente Version der DB vor Beginn der Tagesaktivitäten zu rekonstruieren.

Transaktionen helfen auch nach einem Systemfehler

Eine Sicherung bis zur aktuellen Transaktion wird wie folgt erreicht: In einem elektronischen Logbuch (Logdatei) führt das DBMS automatisch über alle durchgeführten Transaktionen Buch. Vor Beginn jeder Transaktion werden die betreffenden Datensätze (das sogenannte before-Image) gespeichert und bis zum COMMIT Befehl aufbewahrt. Die Geänderten Datensätze (das after-Image) werden ebenfalls in der Logdatei abgelegt. Nach dem COMMIT werden alle Änderungen dauerhaft in der DB gespeichert. Tritt während einer Transaktion ein Software-Fehler auf, werden die Datensätze durch das before-Image automatisch rekonstruiert. Dies kann auch durch den SQL-Befehl ROLLBACK; ausgelöst werden, wenn z. B. während unserer Gruppenbuchung kein Reiseplatz mehr frei ist. Tritt ein Hardware-Fehler auf, können anhand der Logdatei alle noch nicht abgeschlossenen Transaktionen erneut aufgenommen werden.

5.7.2 Verhinderung der widerrechtlichen Nutzung von Daten

In unserem Reisebüro sollen die Reisedaten den Kunden über ein Informationsterminal zur Verfügung gestellt werden. Dabei ist es aus Gründen des Datenschutzes natürlich falsch, ihnen z. B. auch Einblick in die Adressdaten von anderen Kunden oder in die Tarifgruppen der Mitarbeiter zu erlauben. DBMSs erlauben hierfür, bestimmten (vorher definierten) Benutzergruppen bestimmte Rechte (select, update, insert, delete, ...) auf bestimmten Relationen und Attributen zu gewähren (GRANT) oder wieder zu entziehen (REVOKE). In unserem Beispiel sei die Chefin berechtigt, die Mitarbeiter-Relation zu lesen und die Attribute Tarifgruppe und AbteilungsNr zu ändern.

Falsche Nutzung kann durch Rechtevergabe verhindert werden

In SQL wird diese Rechtezuordnung wie folgt umgesetzt:

```
GRANT Select, Update (Tarifgruppe, AbteilungsNr)
   ON Mitarbeiter TO Chefin;
```

Oft ist aber die Relation als Vergabeeinheit für Rechte zu grob. Zum Beispiel sollen Personalmitarbeiter durchaus Zugriff auf die Daten von Mitarbeitern haben, allerdings eingeschränkt auf die unteren Tarifgruppen, oder Kunden sollen alle Buchungsdaten nur zu ihrer Kundennummer sehen dürfen. Hier hilft die Einführung sogenannter Views. Ein View ist eine Teilsicht auf den Datenbestand der DB, also durchaus mit einer Select-Anfrage zu vergleichen. Ein View wird wie eine Tabelle genutzt und durch eine Anfrage, die auch Joins beinhalten darf, definiert und unter einem Namen gespeichert. Die Anfrage wird erst

Rechte kann man bequem an Views (spezielle Anfragen) binden

bei einem Zugriff auf den View auf dem dann aktuellen Datenbestand ausgeführt.

Als Beispiel wird hier der View "Reisedaten" für die KundenAnfragen an unserem Informationsterminal definiert, in dem die Daten der Reise und der Reiseveranstalter zusammengestellt werden.

Die Darstellung in SQL lautet:

```
CREATE VIEW Reisedaten AS

  SELECT * FROM Reisen NATURAL JOIN Reiseveranstalter

  ON Reisen.ReiseveranstalterNr =
Reiseveranstalter.ReiseveranstalterNr
```

5.8   Das Datenbank-Schichtenmodell

Beim Entwurf der gesamten DB mit seinem Datenbankschema, den Views mit ihren Benutzerrechten und den Anfragen für diese Nutzer kann bei einem größeren Projekt schnell die Übersicht verloren gehen. Deshalb soll beim Entwurf systematisch der 3-Schichten-Ansatz befolgt werden, der im folgenden kurz beschrieben und in Abb. 73 dargestellt wird.

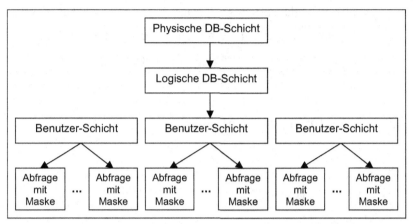

Abb. 73: Datenbank-Schichtenmodell

Die Physikalische Schicht legt die Anordnung der Daten im Speicher fest. Die Festlegung dieser Schicht bleibt komplett dem DBMS (und eingeschränkt dem Administrator) überlassen. Der Entwurf des gesamten DB-Schemas findet sich in der Logischen DB-Schicht wieder. Hier werden die Relationen mit ihren Attributen und Beziehungen festgelegt, unabhängig von den konkreten Anwendungen der Nutzer. Die Einschränkungen auf bestimmte Nutzergruppen erfolgt durch die Views, die in den einzelnen Benutzerschichten festgehalten werden. Hier werden auch die Zugriffsrechte vergeben. Jedem View werden dann die Anwendungen (d. h. Anfragen, ÄnderungsAnfragen, etc.) mit ihren konkreten Eingabemasken zugeordnet.

Saubere Trennung der Schichten und Sichten auf die DB helfen beim Entwurf

Neben der besseren Organisation des gesamten DB-Systems ergeben sich noch weitere Vorteile:

- Die Entwicklung des Entwurf erfolgt systematisch, ohne zu früh durch konkrete Zwänge bestimmter Anwendungen oder der physikalischen Realisierung beeinflusst zu werden.

- Ändert sich nachträglich die Logische Sicht, müssen nicht die zahlreich vorhandenen Anfragen mit Masken geändert werden. Oft genügt lediglich die Anpassung der betreffenden Benutzer-Schicht (View) an das veränderte Datenbankschema.

5.9 Kochrezepte - Anfragen

Sollen

- Datensätze gesucht,
- Datensätze verknüpft,
- Berechnungen für jeden Datensatz durchgeführt,
- Berechnungen über mehrere Datensätze durchgeführt, oder
- Daten automatisch verändert

werden, so wird dies durch eine Anfrage an die Datenbank durchgeführt. Es empfiehlt sich dabei, vor der Erstellung von Anfragen relevante Teilsichten auf die DB durch Views (das sind wiederum Anfragen) zu definieren und den Nutzergruppen entsprechende Rechte auf die Daten in diesen Views zuzuordnen.

Wir stellen nochmals klar, dass Anfragen nur eine neue Sicht auf Daten erzeugen und keine neuen Tabelleninhalte speichern. Die Faustregeln für die Erstellung von Anfragen wird im folgenden beschrieben:

1. Welche Tabelle (n) oder schon erstellte View(s) ist (sind) die Grundlage für die neue Anfrage? D. h., wo werden die benötigten Informationen gespeichert bzw. zur Verfügung gestellt? Diese Tabellen müssen alle Ergebnisfelder, Felder für die Suchkriterien und die Felder mit den relevanten Fremdschlüsseln umfassen.

2. Welche Felder sollen im Ergebnis dargestellt werden?

3. Gegebenenfalls auch noch: welche Berechnungsausdrücke sind für neue Felder notwendig?

Diese Vorgehensweise soll noch einmal an einem Beispiel verdeutlicht werden: Es sollen die Mitarbeiterinnen und Mitarbeiter mit Namen aufgeführt werden, deren verkaufte Reisen einen Gesamtwert von über 2.000,- besitzen; außerdem soll der Gesamtwert ihrer verkauften Reisen angezeigt werden.

1. Die Namen befinden sich in der Tabelle Mitarbeiter, die Preise in der Tabelle Reisen. In der Tabelle Buchung ist festgelegt, wer welche Reisen verkauft hat. Somit stehen die drei Tabellen der Anfrage fest.

2. Es sollen die Felder Name (aus Mitarbeiter) und Preis (aus Reisen) angezeigt werden.

3. Die Datensätze werden nach gleichen Werten in MitarbeiterNr gruppiert, da die Berechnungen für jeden („pro") Mitarbeiter und Mitarbeiterin durchgeführt werden sollen. Über das Attribut Preis wird jeweils eine Summe gebildet, damit die Gesamtumsätze der einzelnen Mitarbeiterinnen und Mitarbeiter dargestellt werden können. Als Kriterium für die Auswahl gilt ein Gesamt-Preis von über 2.000.

Somit ist die Anfrage definiert und kann z. B. in SQL umgesetzt werden.

6 SQL - ein Überblick

In Abschnitt 5 sind schon einige SQL-Beispiele genannt worden. In diesem Abschnitt soll zur Vertiefung des Verständnisses nun ein Überblick über die „Datenbanksprache" SQL gegeben werden. Da seit der ersten Standardisierung von SQL durch ANSI (American National Standards Insitutute) und ISO (International Oranization for Standardization) im Jahr 1986 mehrere Versionen von SQL definiert worden sind und weiterhin die Datenbankhersteller proprietäre Erweiterungen / Dialekte für ihre Systeme nutzen, kann hier nur ein Überblick über die Möglichkeiten von SQL gegeben werden. Wir beziehen uns mit unseren Aussagen auf den SQL-Standard SQL:1999. Dem interessierten Leser sei die weiterführende Literatur empfohlen. Weiterhin sei angemerkt, dass die optionalen Befehle überwiegend weggelassen wurden. Dieses entspricht den Erwartungen der Zielgruppe.

SQL dient als Zugriffssprache für Datenbanken sowohl der Datendefinition als auch der Datenmanipulation. Unter Datendefinition verstehen wir sämtliche Aktivitäten, mit denen die Datenbank(-struktur) erzeugt und bearbeitet wird. Diese Aufgaben werden in der Regel beim Erstellen einer Datenbank durchgeführt und erfolgen während des Betriebes der Datenbank nur in eingeschränktem Maß. Die Datenmanipulation umfasst sämtliche Aktivitäten, mit denen die Daten in der Datenbank eingefügt, geändert und gelöscht werden. Weiterhin sind Aktivitäten zur Auswahl und Berechnung von Daten der Datenmanipulation zuzuordnen.

In den folgenden Abschnitten sind einige Beispielbefehle gegeben, die der interessierte Leser an seinem Datenbanksystem ausprobieren kann. Die zugehörige Datenbank steht für die Systeme Microsoft$^{©}$-Access und auch MySQL unter **http://www.nivo.de/dbleicht/3/index.html zum** Download bereit.

Zuvor seien jedoch noch Anmerkungen zu SQL-Befehlen im Allgemeinen gemacht:

1. Eine Anweisung in SQL wird immer mit einem Semikolon (;) beendet. Werden mehrere SQL-Befehle hintereinander geschrieben, so werden sie ebenfalls mit einem Semikolon getrennt.

2. SQL ist case-insensitiv. Somit wird zwischen Groß- und Kleinschreibung der SQL-Anweisungen nicht unterschieden. Das bedeutet, dass Schlüsselwörter, Tabellennamen und Attribute sowohl groß als auch klein geschrieben werden können, ohne dass dieses die Ausführung des Befehls beeinflusst. Dieses gilt jedoch nicht für die Attributsausprägungen, d. h. die Inhalte der einzelnen Attribute. Hier wird sehr wohl unterschieden, ob Großbuchstaben oder kleine genutzt worden sind, oder werden.

3. Eine SQL-Anweisung kann sich über mehrere Zeilen erstrecken

Die Darstellung der im Folgenden dargestellten Befehle folgt einer gewissen Notation, für die gilt :

- Vorkommende SQL-Schlüsselwörter werden komplett in GROSSBUCHSTABEN geschrieben. Tabellennamen und Attribute werden klein dargestellt

- Eine eckige Klammer [ ] zeigt, dass der darin stehende Eintrag optional ist und somit auch ggf. entfallen kann.

- Sollte es die Möglichkeit mehrere Schlüsselwörter geben, so stehen diese innerhalb von geschweiften Klammern { }. Die in den Klammern stehenden Möglichkeiten, aus denen man wählen kann, werden durch einen senkrechten Strich | voneinander getrennt.

- Runde Klammern ( ) müssen wie in der jeweiligen Syntax dargestellt, gesetzt werden.

Abschließend sei noch erwähnt, dass wir für die Arbeit in SQL zwischen zwei Arten von Tabellen unterscheiden können. Zum Einen sind die physisch vorhandenen Tabellen zu nennen. Das sind Tabellen, die auch explizit mit Angabe von Attributen, Datentypen, Datengrößen Gültigkeitsregeln sowie Primär- und ggf. Fremdschlüssel angelegt und definiert werden. Zum Anderen sind die sogenannten Views zu nennen. Views sind sozusagen temporäre Tabellen. So können die in Abschnitt 6.2 definierten SQL-Anfragen als View gespeichert werden. Der View wird immer dann erstellt, wenn er aufgerufen wird. Es wird für Views nur gespeichert, wie sie erstellt werden. Hierbei wird definiert, welche Daten angezeigt werden sollen (Selektion, Projektion), woher sie kommen (physisch vorhandene Tabellen oder andere Views) und wie sie ggf. berechnet werden (Aggregation oder Berechnungsausdruck). Eine Definition der Datentypen, Datengrößen der einzelnen Attribute findet nicht statt, da dieses schon in den dem View zugrunde liegenden physisch vorhandenen Tabellen geschehen ist.

6.1   Datendefinition

Die Funktionalitäten der Datendefinition in SQL, die in diesem Buch erläutert werden sollen, dienen der Erstellung, Änderung und Löschung von Tabellen. Dieses können sowohl Basistabellen (also die physischen Tabellen, die in Kapitel 2 besprochen worden sind) als auch *virtuelle* Tabellen (wir haben hier in Abschnitt 5 von Views/Sichten gesprochen) betreffen.

CREATE TABLE:

Mit dem Befehl *CREATE TABLE* wird eine neue physisch vorhandene Tabelle (Basistabelle) erstellt. Die Syntax für diesen Befehl lautet

```
CREATE TABLE tabellenname

(attributname1 datentyp[(größe)][attributsbedingung],

 attributname2 datentyp[(größe)][attributsbedingung]

 [,...]

 [tabellenbedingung1], [tabellenbedingung2] [,...]);
```

Hierbei werden die einzelnen Attribute durch ein Komma voneinander getrennt. Einige Datentypen benötigen noch eine Größenangabe. Unter *attributsbedingung* versteht man eine Bedingung, die bei der Prüfung des Wertes, der später in dem Attribut gespeichert wird entweder *wahr* oder *falsch* sein kann. Hier könnte z.B. *NULL* oder *NOT NULL* stehen, je nachdem ob NULL-Werte für das Attribut erlaubt sein soll, oder nicht. Weiterhin könnten noch Regeln, sogenannte Constraints definiert werden. Eine der möglichen Attributsregeln ist der Eintrag *PRIMARY KEY*, der angibt, ob das Attribut ein Primärschlüssel ist. Auf weitere Attributsregeln soll hier nicht mehr eingegangen werden, sondern auf die gängige Literatur verwiesen werden.

Im Gegensatz zu den Attributsbedingungen gibt es noch die Tabellenbedingungen. Diese beziehen sich in der Regel auf mehrere Attribute. Es gilt für die Tabellenbedingung

[CONSTRAINT ConstraintName]

{CHECK (bedingung) | FOREIGN KEY (attributsliste) referenz | PRIMARY KEY (attributsliste)}

An einem Beispiel erläutert:

```
CREATE TABLE ort (

    plz INTEGER NOT NULL PRIMARY KEY,

    ort VARCHAR(40));
```

Codebeispiel 11: SQL Datendefinition- Tabellenerstellung (1)

Alternativ könnte dieser Befehl auch wie in Codebeispiel 12 geschrieben werden.

```
CREATE TABLE ort (

    plz INTEGER NOT NULL,

    ort VARCHAR(40),

    PRIMARY KEY (plz);
```

Codebeispiel 12: SQL Datendefinition- Tabellenerstellung (2)

Dieser Befehl erstellt die Tabelle ort, die aus den Attributen plz und ort besteht. Jedes Attribut wird mindestens mit Attributname sowie Datentyp angegeben. Weiterhin können die Bedingungen ggf. an zwei Stellen angegeben werden, wie für den Primary-Key definiert. So gilt hier die Bedingung, dass die plz nicht NULL sein darf und als Primärschüssel definiert worden ist. Weitere Bedingungen sind nicht vorhanden.

```
CREATE TABLE reiseveranstalter(

    ReiseveranstalterNr INTEGER NOT NULL PRIMARY KEY,

    bezeichnung VARCHAR(40),

    plz INTEGER,

    telefon VARCHAR(40)

    FOREIGN KEY (plz) REFERENCES ort);
```

Codebeispiel 13: SQL Datendefinition- Tabellenerstellung (2)

Dieser Befehl erstellt die Tabelle Reiseveranstalter, die aus 4 Attributen besteht. Es sind die Attribute ReiseveranstalterNr, bezeichnung, plz und telefon definiert. Zusätzlich zur schon erwähnten Tabellenbedingung aus Codebeispiel 11 ist eine weitere Möglichkeit einer Tabellenbedingung zu sehen. Diese Bedingung bezieht sich auf die Beziehung zwischen der Tabelle Reiseveranstalter und Ort, die über den Fremdschlüssel plz hergestellt wird.

Soll referentielle Integrität sichergestellt werden , so ist dieses der Regel zur Beziehung hinzuzufügen. Im folgenden Beispiel ist dieses exemplarisch zu sehen.

```
CREATE TABLE reiseveranstalter(

    ReiseveranstalterNr INTEGER NOT NULL PRIMARY KEY,

    bezeichnung VARCHAR(40),

    plz INTEGER,

    telefon VARCHAR(40)

    FOREIGN KEY (plz) REFERENCES ort

    ON DELETE NO ACTION

    ON UPDATE CASCADE);
```

Codebeispiel 14: SQL Datendefinition- Tabellenerstellung (3)

Es wird dem System mitgeteilt, dass bei einer Datensatzlöschung keine Aktion (Abweisung des Löschbefehls durch *ON DELETE NO ACTION*) und bei einer Änderung des Primärschlüssels in einem Datensatzes in der Mastertabelle plz eine kaskadierte Änderungsweitergabe an die Detailtabelle Reiseveranstalter durchgeführt wird.

ALTER TABLE:

Mit dem Befehl ALTER TABLE wird eine bestehende Basistabelle geändert. Die Syntax für diesen Befehl lautet

```
ALTER TABLE tabellenname änderungsaktion;
```

Die Änderungsaktion kann sich nun auf das Hinzufügen (ADD), Ändern (ALTER) oder auch Löschen (DROP) von Spalten beziehen. Weiterhin kann in dieser Änderungsaktion auch eine Bedingung für die Basistabelle (siehe oben der Fremdschlüssel) hinzugefügt oder gelöscht werden. Auch hierzu sind drei Beispiele zu nennen:

```
ALTER TABLE ort
    ADD COLUMN remark VARCHAR(250);
```
Codebeispiel 15: SQL Datendefinition- Tabellenänderung (1)

Dieser Befehl fügt der Tabelle ort die Spalte remark mit dem genannten Datentyp zu.

```
ALTER TABLE ort
    DROP COLUMN remark,
    ADD COLUMN bemerkung VARCHAR (200);
```
Codebeispiel 16: SQL Datendefinition- Tabellenänderung (2)

Mit diesem Befehl wurde das Attribut remark gelöscht und ein neues Attribut bemerkung hinzugefügt.

```
ALTER TABLE ort
    ADD CONSTRAINT cort CHECK (ort IS NOT NULL);
```
Codebeispiel 17: SQL Datendefinition- Tabellenänderung(3)

Das Hinzufügen von Regeln ist in diesem Codebeispiel zu sehen. Die Regel hat den Namen cort und prüft, ob im Attribut ort auch immer Werte eingetragen sind (NULL-Werte sind nicht erlaubt).

DROP TABLE

Dieser Befehl löscht eine Tabelle. Die Syntax lautet

```
DROP TABLE tabellenname {RESTRICT | CASCADE}
```

Beispiel:

```
DROP TABLE ort;
```

Codebeispiel 18: SQL Datendefinition-Löschung einer Tabelle

Wir haben in Codebeispiel 14 gesehen, dass die Tabelle Reiseveranstalter auf die Tabelle ort referenziert. Was passiert nun, wenn die Tabelle ort gelöscht werden soll?

Hierzu sind die Schlüsselwörter RESTRICT und CASCADE zu nutzen. Ist RESTRICT angegeben, so wird die Löschung der Tabelle nicht durchgeführt, da diese Tabelle in einer Integritätsbedingung referenziert wird. Weiterhin wird die Löschung der Tabelle abgelehnt, wenn sie in einem View als Basistabelle definiert worden ist. Wird jedoch CASCADE angegeben, so wird die Tabelle immer gelöscht und alle auf sie referenzierenden Integritätsbedigungen und Views werden automatisch ebenfalls gelöscht.

Selbstverständlich gelten für alle o.g. Befehle (und auch die Nachfolgenden) noch weitere Rahmenbedingungen und einige Befehlsteile sind optional. Es sei hier noch einmal darauf hingewiesen, dass es sich hier nur um einen groben Überblick handelt und die genaue Spezifikation der im Anhang genannten Literatur bzw. der Online-Hilfe des Datenbankmanagementsystems zu entnehmen ist.

CREATE VIEW

Der Befehl CREATE VIEW erstellt eine neue Sicht auf die Daten, die über den View-Namen in weiteren SQL-Statements (der Datenmanipulation) genutzt werden kann. Wie Eingangs schon erwähnt, greifen Views auf schon vorhandene Tabellen mit deren Inhalten zu. Da die Datenmanipulation erst im nächsten Abschnitt eingeführt wird, empfehlen die Autoren daher, dass der Leser diesen Abschnitt nach dem Abschnitt 6.2 noch einmal liest.

Die Syntax lautet:

```
CREATE VIEW sichtname

    AS (definitionDatenherkunft)

    [WITH CHECK OPTION];
```

Hierbei stehen in der *definitionDatenherkunft* die Attribute samt Basistabellen sowie die Berechnungsausdrücke oder Aggregationsfunktionen. D.h. hier steht ein Ausdruck der Datenmanipulation (SELECT..FROM..WHERE), weshalb auf die folgenden Ausführungen verwiesen wird.

Beispiele:

```
CREATE VIEW HannoverKunden

    AS    SELECT *

          FROM Kunden INNER JOIN Ort ON

              Kunden.PLZ= Ort.PLZ

          WHERE ORT = 'Hannover';
```

Codebeispiel 19: SQL-Befehl zur Erstellung einer Sicht (1)

Hier werden alle Kunden, die aus Hannover kommen im View HannoverKunden angezeigt. Dieser View kann (wie Views im Allgemeinen) für weitere SQL-Stratements genutzt werden, denn er erzeugt ja wiederum eine Tabelle. Wenn diese auch virtuell vorhanden ist. Ein Beispiel, welches diese Möglichkeit nutzt in Codebeispiel 23 zu sehen, wo die Definition eines neuen Views auf einen vorhandenen View zugreift.

Weitere Beispiele zur Erstellung von Views (Sichten sind im Folgenden zu sehen):

```
CREATE VIEW Kontinentziele (Kontinent, Ziel)

    AS    SELECT Kontinent.Bezeichnung, Ziel,Reiseziel

          FROM Kontinent INNER JOIN Ziel ON

               Kontinent.Kontinent = Ziel.Region;
```

Codebeispiel 20: SQL-Befehl zur Erstellung einer Sicht (2)

```
CREATE VIEW MitarbeiterWeiblich

    AS    SELECT Name, Vorname

          FROM Mitarbeiter

          WHERE Geschlecht ='w';
```

Codebeispiel 21: SQL-Befehl zur Erstellung einer Sicht (3)

```
CREATE VIEW UmsatzReiseVeranstalter

    AS    SELECT SUM(Preis) AS Gesamtumsatz

          FROM Buchung INNER JOIN Reisen ON

               Buchung.ReiseNr = Reisen.ReiseNr

          GROUP BY Reisen.ReiseveranstalterNr;
```

Codebeispiel 22: SQL-Befehl zur Erstellung einer Sicht (4)

```
CREATE VIEW HoherUmsatz

    AS    SELECT * FROM UmsatzReiseVeranstalter

          WHERE Gesamtumsatz > 10000;
```

Codebeispiel 23: SQL-Befehl zur Erstellung einer Sicht (5)

<u>DROP VIEW</u>

Der Befehl DROP VIEW löscht eine bestehende Sicht. Die Syntax lautet:

```
DROP VIEW sicht [{RESTRICT | CASCADE}]
```

Die Schlüsselwörter *RESTRICT* oder *CASCADE* dienen der Überprüfung nach Abhängigkeiten weiterer Objekte von diesem VIEW. Soll der VIEW gelöscht werden und RESTRICT ist angegeben, so wird das Löschen scheitern, wenn z. B. weitere Sichten auf diesem VIEW aufgebaut sind. Ist CASCADE in einem derartigen Fall angegeben, so wird die abhängige VIEW ebenfalls gelöscht.

Beispiele:

```
DROP VIEW HoherUmsatz;
```

Codebeispiel 24: SQL-Befehl zum Löschen einer Sicht (1)

```
DROP VIEW UmsatzReiseVeranstalter RESTRICT
```

Codebeispiel 25: SQL-Befehl zum Löschen einer Sicht (2)

```
DROP VIEW UmsatzReiseVeranstalter CASCADE
```

Codebeispiel 26: SQL-Befehl zum Löschen einer Sicht (3)

Die Ausführung von Codebeispiel 25 führt zu keinem Ergebnis. Die Sicht UmsatzReiseVeranstalter wird nicht gelöscht, da die Sicht HoherUmsatz auf ihr arbeitet. Codebeispiel 26 führt jedoch zum Erfolg. Allerdings wird hier durch CASCADE auch die Sicht HoherUmsatz gelöscht.

GRANT

Der Befehl GRANT dient der Rechtevergabe für Datenbankobjekte. (vgl. 5.7). Die allgemeine Syntax lautet:

```
GRANT rechteliste ON datenbankobjekt TO benutzer
```

Die *rechteliste* ist eine Kommaliste, die die Rechte definiert. Hier können die Werte INSERT, UPDATE und DELETE, SELECT entweder einzeln, oder eben als Aufzählung stehen. Das *datenbankobjekt* definiert u.a. eine Tabelle (Schlüsselwort TABLE). Für den b*enutzer* werden die Benutzernamen eingetragen.

Beispiele:

```
GRANT INSERT ON Reiseveranstalter TO Admin;
```
Codebeispiel 27: Beispiel GRANT Befehl(1)

```
GRANT SELECT ON Reiseveranstalter TO Verkäufer;
```
Codebeispiel 28: Beispiel GRANT Befehl(2)

```
GRANT INSERT, UPDATE, DELETE ON Reiseveranstalter TO Admin;
```
Codebeispiel 29: Beispiel GRANT Befehl(3)

Der Befehl in Codebeispiel 27 gibt dem Nutzer *Admin* das Recht, in der Tabelle Reiseveranstalter Datensätze hinzuzufügen. Das nachfolgende Beispiel erlaubt es dem Nutzer *Verkäufer*, Datensätze aus der Tabelle Reiseveranstalter zu selektieren. Das abschließende Beispiel (Codebeispiel 29) gibt dem Nutzer *Admin* die Rechte des Einfügens, der Änderung und der Löschung von Datensätzen in der Tabelle Reiseveranstalter.

<u>REVOKE</u>

Werden mit GRANT Rechte vergeben, so können diese mit dem Befehl REVOKE entfernt werden. Die allgemeine Syntax für diesen Befehl lautet:

```
REVOKE rechteliste ON datenbankobjekt FROM benutzer
```

Hierbei sind jedoch entsprechend der Zielgruppe dieses Buches, weitere optionale Befehle weggelassen worden. (Dieses gilt auch für andere Beispiele) Die *rechteliste* entspricht der oben Erwähnten. Gleiches gilt für das *datenbankobjekt* und den *benutzer*.

6.2   Datenmanipulation

Die Datenmanipulation dient der Auswahl, dem Einfügen, dem Ändern sowie dem Löschen von Daten. Bevor die notwendigen Befehle zum Einfügen, Ändern und Löschen vorgestellt werden, soll jedoch der mächtigste Befehl in SQL zur Datenmanipulation gezeigt werden. Es ist der sog. SELECT Befehl, der folgende Syntax hat:

```
SELECT [prädikat]
{*|[tabellenname.]ausdruck1[[,tabellenname.]ausdruck2],...]]}
FROM tabellenausdruck
[WHERE bedingung]
[GROUP BY ausdruck [HAVING bedingung]]
[ORDER BY sortierausdruck];
```

Die Syntax des Befehls erscheint sehr kompliziert, daher sollen sie nun Schritt für Schritt betrachtet werden.

SELECT{*|[tabellenname.]ausdruck1[[,tabellenname.]ausdruck2] dient der Auswahl der Attribute, die in der Ergebnistabelle zu sehen sein sollen. Der Tabellenname muss dem Attribut vorangestellt werden, wenn der Name des Attributs nicht eindeutig ist. Dieses ist der Fall, wenn Daten aus zwei Tabellen entnommen werden, und diese beiden Tabellen gleiche Attributsbezeichnungen wie z.B. Name besitzen. In der Syntax steht nicht attributsname, sondern *ausdruck*. Dass liegt zum Einen daran, dass hier auch Berechnungsausdrücke oder Aggregationsfunktionen stehen können und der Attributsname mittels des Schlüsselwortes AS geändert werden kann. Das Prädikat steht für die Schlüsselwörter ALL oder DISTINCT angegeben werden. DISTINCT führt zu einer Eliminierung von doppelten Datensätzen in der Ergebnistabelle. ALL zeigt alle Datensätze an. Einige Beispiele hierzu:

- `SELECT *`

  Auswahl sämtlicher Attribute

- `SELECT name, vorname,…`

  Auswahl der Attribute name, vorname

- `SELECT name AS familienname, vorname,…`

  Auswahl name, vorname. Das Attribut name wird als familienname angezeigt.

- `SELECT count(BuchungsNr)AS Buchungsanzahl…`

  Erzeugung eines neuen Feldes Buchungsanzahl durch Aggregationsberechnung. Achtung! Dieses Attribut wird in keiner Tabelle gespeichert, sondern jedes Mal beim Aufruf des Befehls (ggf. auch eines Views, der den Befehl beinhaltet) auf aktuellen Daten berechnet.

- `SELECT mitarbeiter.name, kunde.name AS …`

  Auswahl der Attribute name aus der Tabelle mitarbeiter und kunde . Wenn die Attributsbezeichnung name nicht eindeutig ist, so ist der qualifizierte Name (Tabelle.Attribut) zu wählen.

Mit dem Schlüsselwort FROM und erfolgt die Definition der Datenherkunft. Neben der Angabe einer einzelnen Tabelle als *tabellenausdruck* ist auch eine Aufzählung mehrerer Tabellen möglich. Ohne weitere Einschränkung in Zeile 3 (WHERE Klausel) ergibt sich im Fall der Aufzählung mehrere Tabellen das Kartesische Produkt der Datensätze der genannten Tabellen. Eine weitere Möglichkeit die Datenherkunft bei mehrfachen Tabellen anzugeben ist durch die Nutzung von JOINS möglich. Einige Beispiele sollen dem Verständnis dienen:

- `FROM kunde, mitarbeiter,...`

  Herkunft der Daten sind mehrere Tabellen. Bei fehlender WHERE Klausel ergibt sich ein kartesisches Produkt der Datensätze aus den Tabellen kunde und mitarbeiter. Kartesisches Produkt bedeutet in diesem Fall, dass jeder Datensatz der Tabelle kunde mit jedem Datensatz der Tabelle mitarbeiter verknüpft wird.

- `FROM mitarbeiter INNER JOIN abteilungen`

  `ON mitarbeiter.abteilungsnr =`

  `abteilungen.abteilungsnr...`

  Hier wird als Datenherkunft ein Inner Join über die Tabellen mitarbeiter und abteilungen durchgeführt. Achtung: Es sind auch Joins über NICHT-Schlüsselattribute möglich!. Weiterhin sind hier die Schlüsselworte LEFT JOIN und RIGHT JOIN, möglich.

Die WHERE Klausel schränkt die angezeigten Datensätze ein. Sie ist somit für die Selektion der Datensätze verantwortlich. Im Bedingungsausdruck *bedingung* können allgemeine Bedingungen wie *IS TRUE, IS NOT TRUE, IS FALSE* oder *IS NOT FALSE* stehen. Weiterhin sind auch Vergleichsbedingungen wie *name='kohl'*, *name LIKE 'ei%'* oder *name LIKE 'k_hl'* stehen. Ist die Datenherkunft ein Inner Join und wird in der FROM-Klausel nur eine Auflistung der Tabellen durchgeführt (vgl. oben), so ist im WHERE Ausdruck die Beziehung zwischen den in Beziehung stehenden Tabellen zu definieren. Der Bedingungsausdruck kann auch ein geschachteltes SQL-Statement beinhalten.

Beispiele:

- `WHERE name ='kohl'....`

  Es werden die Datensätze angezeigt, bei denen im Attribut name der Wert *kohl* steht.

- `WHERE name LIKE 'ei%'....`

  Es werden die Datensätze angezeigt, bei denen im Attribut name die Zeichenfolge *ei* gefolgt von weiteren nicht relevanten Zeichen steht.

- `WHERE name LIKE 'k_hl'....`

  Es werden die Datensätze angezeigt, bei denen im Attribut name der Wert mit einem *k* beginnt und einem *hl* aufhört. Der Unterstrich ist Platzhalter für genau ein Zeichen.

- `WHERE plz BETWEEN 1000 AND 2000....`

  Es werden die Datensätze angezeigt, bei denen im Attribut plz Werte zwischen 1000 und 2000 stehen.

- `WHERE ort IN ('gs', 'ol')....`

  Es werden die Datensätze angezeigt, bei denen im Attribut ort ein Wert aus der Liste *gs, ol* steht.

Die GROUP BY Klausel wird für Aggregationsfunktionen genutzt. Müssen Berechnungen über eine Menge von Datensätzen durchgeführt werden, die abhängig von Werten in einzelnen Attributen sind (Gruppierung von Datensätzen), so wird dieses durch GROUP BY definiert.

Beispiel:

```
SELECT ReiseveranstalterNr, AVG(Preis) AS Durchschnittspreis
FROM Reisen
GROUP BY ReiseveranstalterNr;
```

Es wird der Durchschnittspreis über das Attribut preis der Tabelle reisen berechnet. Hierbei werden die Datensätze, die die gleichen Werte im Attribut ReiseveranstalterNr haben gruppiert. D.h. es werden die Durchschnittspreise der Reisen pro Reiseveranstalter berechnet.

Die HAVING Klausel wird ebenfalls für Aggregationsfunktionen genutzt. Müssen Datensätze nach irgendwelchen Bedingungen ausgewählt werden, die erst durch die Aggregation berechnet werden, so sind diese Bedingungen in der HAVING Klausel zu definieren.

Beispiel:

```
• SELECT ReiseveranstalterNr, AVG(Preis) AS
  Durchschnittspreis
  FROM Reisen
  GROUP BY ReiseveranstalterNr
  HAVING AVG(Preis) > 5000;
```

Es werden die Durchschnittspreise der Reisen pro Reiseveranstalter berechnet. Angezeigt werden aber nur die ReiseveranstalterNr und deren Durchschnittspreise, bei denen der Durchschnittspreis größer als 5000 ist.

INSERT

Mit dem SQL-Befehl INSERT beschreiben wir den ersten Befehl, der die Inhalte einer Tabelle ändert. Mit ihm werden Datensätze in eine Tabelle eingefügt. Die Syntax hierzu lautet:

```
INSERT INTO tabellenname

[(spaltenname1 [,spaltenname2[,..]])]

{VALUES (ausdruck1 [,ausdruck2 [,...]]]) | selectanweisung}
```

Hierbei ist die Angabe der *spaltennamen* optional. Es können alle oder nur einige Attribute der Tabelle angegeben werden. Auf die Angabe kann verzichtet werden, wenn die Inhalte, die die folgenden Anweisungen als Ergebnis liefern den einzelnen Attributen entsprechend der Reihenfolge der Tabellendefinition entsprechen. Es wird daher hier empfohlen, die *spaltennamen* immer anzugeben.

Als *ausdruck* können sowohl logische, als auch arithmetische Ausdrücke oder auch Zeichenketten angegeben werden. Es ist jedoch darauf zu achten, dass diese nur gemäß den Datentypen der Attribute, in die neue Werte eingefügt werden sollen, eingefügt werden. Eine komplette SELECT-Anweisung, wie oben beschrieben kann ebenfalls die Werte liefern, die eingefügt werden sollen. Die Datenquelle kann also entweder ein Tabellenausdruck (vgl. *selectanweisung*) sein oder aber eine manuelle Dateneingabe. Letzteres erlaubt pro Statement nur das Hinzufügen eines Datensatzes.

Beispiele:

```
INSERT INTO kontinent (Kontinent, Bezeichnung)

    VALUES (1, 'Asien');
```

Codebeispiel 30: Eingabe eines Datensatzes mit SQL

```
INSERT INTO damen (name, vorname)

    SELECT name, vorname

    FROM mitarbeiter

    WHERE geschlecht = 'w';
```

Codebeispiel 31: Eingabe mehrerer Datensätze aus bestehende Tabelle in bestehende Tabelle

UPDATE

Der Befehl UPDATE dient der Aktualisierung bzw. Änderung von Datensätzen in Tabellen. Die allgemeine Syntax lautet

```
UPDATE tabellenname
SET attributname1=ausdruck1 [,attributname2= ausdruck2 [,...]]
[WHERE bedingung];
```

Dieses sei wiederum an einem Beispiel auf der nächsten Seite erläutert:

```
UPDATE Mitarbeiter

    SET name = 'meier'

    WHERE MitarbeiterNr = 5;
```

Codebeispiel 32: SQL-Update Befehl

In Codebeispiel 32 wird für den Datensatz mit der MitarbeiterNr *5* der Wert *meier* im Attbiut name gesetzt.

<u>DELETE</u>

Abschließend soll noch das Löschen von Datensätzen gezeigt werden. Hierzu wird der Befehl DELETE genutzt. Die Syntax dieses Befehls lautet:

```
DELETE

FROM tabelle

[WHERE bedingung];
```

Hier seien zwei Beispiele genannt:

```
DELETE

FROM Mitarbeiter;
```

Codebeispiel 33: SQL-Befehl zum Löschen von Datensätzen(1)

```
DELETE

FROM Mitarbeiter;

WHERE MitarbeiterNr = 15;
```

Codebeispiel 34: SQL-Befehl zum Löschen von Datensätzen(2)

In Codebeispiel 34 wird der Datensatz der Mitarbeiter-Tabelle gelöscht, bei dem im Attbiut MitarbeiterNr der Wert *15* steht.

6.3   Übungen

Es sollen Anfragen in SQL erstellt werden, die folgende Ergebnisse liefern (benutzen Sie das Datenbank-Schema aus Abb. 76):

Aufgabe 6.3.1

Zeige alle Mitarbeiter und Mitarbeiterinnen mit Namen, die der Tarifgruppe „CD1" angehören.

Aufgabe 6.3.2

Zeigen Sie alle Reiseziele, die in Afrika liegen.

Aufgabe 6.3.3

Welche Kunden fahren nach Nordamerika? Geben Sie nur die „Kette" der Joins der beteiligten Tabellen an.

Aufgabe 6.3.4

Realisieren Sie die Aufgabe 5.7.3. Machen Sie sich beim Aufschreiben durch Einrücken die Schachtelung der einzelnen Joins klar.

Aufgabe 6.3.5

Welche Provision in € muss pro Reise bezahlt werden, bei einem Provisionssatz von 3% (als neues, berechnetes Feld)?

Aufgabe 6.3.6

Gesucht ist die SQL-Anfrage, die die Kontinente mit jeweils der Anzahl ihrer Reiseziele auflistet.

7   Weitere Übungsaufgaben

In den vorherigen Kapiteln sind alle Lehrinhalte, die die
Autoren vermitteln wollten, dargeboten. Damit der geneigte
Leser noch einige Übungsaufgaben bearbeiten kann, anhand
derer das erarbeitete Wissen überprüft werden kann, sind in
diesem Abschnitt noch einmal Übungsaufgaben dargeboten.
Zum Einen sind Problemstellungen der Datenmodellierung,
zum Anderen aber auch Aufgaben zur Erstellung von SQL-
Anweisungen zu finden. Lösungen bzw. eine
Beispieldatenbank zum Üben der SQL-Anweisungen sind
wiederum unter **http://www.nivo.de/dbleicht/3/index.html**
zu finden.

7.1   Datenmodellierung

Hier besteht noch einmal die Möglichkeit, drei ausgewählte
Datenmodelle zu erstellen. Sollten in den Aufgaben zu einzelnen
Entitytypen keine Attribute angegeben sein, so können diese aus der
allgemeinen Lebenserfahrung abgeleitet werden. Ziel ist es, in den
Datenmodellen keine n:m Beziehungen zu finden.

7.1.1   Aufgabe Fotograf

Ein Fotograf möchte sich die Arbeit erleichtern und eine Datenbank für
seine Daten anlegen. Das logische Datenmodell soll den folgenden
Sachverhalt widerspiegeln:

Fotomodelle (männlich oder weiblich) können sich auf der Webseite des
Fotografen selbst registrieren. Hierzu müssen Sie folgende
Informationen angeben: Haarfarbe, Augenfarbe, Körpergröße,
Körpergewicht, Schuhgröße, Konfektionsgröße. Weiterhin müssen sie
angeben, in welchen Kategorien (Bsp.: Mode allgemein, Bademode,
Akt,..) sie sich fotografieren lassen würden. Jedes Modell kann dabei
mehrere Kategorien auswählen. Es ist auch anzugeben, wie hoch die

Bezahlung pro Stunde in der jeweiligen Kategorie sein soll. Der Fotograf benötigt auch noch die gängigen Adressinformationen pro Modell.

Auf die gleiche Datenbank, die über seine Webseite von den potentiellen Modellen gefüllt wird, greift der Fotograf zu. Er soll nun zur weiteren Verwaltung noch speichern können, mit welchen Modellen er Shootings durchgeführt hatte. Für ein Shooting ist der Termin, die Örtlichkeit und eine Information über die Örtlichkeit (innen/außen) zu speichern. Bei diesen sog. Shootings ist es selbstverständlich so, dass bei einem Shooting mehrere Modelle teilnehmen können. Wenn der Fotograf mit der Leistung einzelner Modelle zufrieden ist, so kann ein Modell auch an mehreren Shootings teilnehmen.

7.1.2 Aufgabe Gebrauchtwagenhändler

Ein kleiner Gebrauchtwagenhändler möchte seine Verwaltung auf eine Datenbank, die auch aus dem Internet zugänglich ist, umstellen. Hierfür wird ein logisches Datenbankmodell in der Krähenfußmethode benötigt, welches den folgenden Sachverhalt abdeckt:

Im Lagerbestand des Gebrauchtwagenhändlers stehen mehrere gebrauchte Fahrzeuge. Hierbei lassen sich Fahrzeuge nach Modellen unterscheiden. Jedes Modell ist natürlich einem Hersteller zuzuordnen, damit im nachfolgenden Betrieb auch nach Herstellern gesucht werden kann. Selbstverständlich ist es so, dass ein Hersteller mehrere Modelle anbietet. Somit muss in der Datenbank des Gebrauchtwagenhändlers auch sichergestellt werden, dass einem Hersteller mehrere Modelle zugeordnet werden können.

Weiterhin ist zu berücksichtigen, dass der Lagerbestand des Gebrauchtwagenhändlers sich auf mehrere physische Lagerstandorte verteilt. Damit eine entsprechende Information im Internet möglich ist, ist pro Lagerstandort die Örtlichkeit, wo dieser zu finden ist, zu speichern.

Der Lagerbestand beinhaltet Informationen über das Datum der Aufnahme eines Fahrzeugs, den aktuellen Gebrauchtwagenpreis sowie einen internen Schlüssel. Ein Fahrzeug wird eindeutig durch die Fahrgestellnummer beschrieben. Weitere Eigenschaften eines Fahrzeuges sind Farbe, Kraftstofftyp (Diesel, Benzin, Strom, Hybrid),

Leistung, Baujahr und gelaufene Kilometer. Bei einem Modell ist die Bezeichnung und die Ausstattungsvariante zu speichern. Der Hersteller ist mit einem Namen anzugeben.

7.1.3 Aufgabe Outdoor-Training

Für einen Veranstalter, der Outdoor-Trainings anbietet muss ein Datenbankmodell in der Krähenfußmethode erstellt werden, das folgenden Sachverhalt abbildet:

Es werden mehrere Outdoor-Kurse angeboten. Für Kurse müssen Sie die KursID, eine Bezeichnung, die Dauer des Kurses in Stunden, die Art der Abschlussprüfung, eine kurze Inhaltsangabe sowie die entstehenden Kosten speichern. Ein Kurs wird nicht ohne Zielsetzung angeboten. D.h. mit jedem Kurs wird ein oder werden mehrere Ziele verfolgt. Ein Ziel ist eindeutig über die Bezeichnung beschrieben. Hierbei kann es aber vorkommen, dass es zu einem Ziel auch mehrere Kurse gibt, die es zu belegen gilt. Selbstverständlich ist es so, dass die (potentiellen) Teilnehmer nicht nur ein Ziel verfolgen, sondern durchaus mehrere Ziele im Laufe Ihrer beruflichen Entwicklung erreichen möchten. Bei der erwarteten Menge an Kunden(Teilnehmern) können Sie nicht vermeiden, dass ein Ziel von mehreren Kunden erreicht werden soll.

Da Sie Ihre Kurse nicht für Privatpersonen, sondern nur für Geschäftskunden anbieten, ist eine Zuordnung von Teilnehmern zu Unternehmen zwingend notwendig.

Hierbei ist darauf zu achten, dass ein Teilnehmer einem Unternehmen zugeordnet ist und dass ein Unternehmen selbstverständlich mehrere Teilnehmer zu Ihren Veranstaltungen schicken kann. Bei der Verwaltung der Unternehmen benötigen Sie Adressinformationen, wobei ein Unternehmen jeweils mehrere Adressen (unterschiedlichen Typs) besitzen kann. Eine Adresse besteht aus Postleitzahl, Ort, Straße, Hausnummer und Adresstyp. Über das Unternehmen speichern Sie Informationen über dessen Bezeichnung, die Branche sowie aus Gründen der Akquise Informationen über die geschätzte Mitarbeiteranzahl und den geschätzten Unternehmensumsatz.

Zurück zu den Kursen. Diese werden zu unterschiedlichen Terminen (Startdatum, Enddatum, Beginn des Kurses, Zeit des Abschlusses des

Kurses) an unterschiedlichen Veranstaltungsorten angeboten. Hierbei gilt nicht, dass eine Veranstaltung nur an einem Ort angeboten werden kann. Weiterhin wollen Sie möglichst flexibel auf Kundenanforderungen reagieren, so dass eine Örtlichkeit nicht nur für einen Kurs vorgehalten wird. Für jede Örtlichkeit benötigen Sie eine Bezeichnung, einen Beschreibung der Anfahrt eine PLZ, eine Straße und eine Hausnummer. Bemerkungen sind ebenfalls notwendig.

Um Anfragen von Teilnehmern nach Hotelübernachtungen befriedigen zu können, soll die Datenbank auch Hotelinformationen enthalten. Hierbei gilt, dass zu jedem Veranstaltungsort mehrere Hotels vorgehalten werden. Mindestens jedoch eines. Denken Sie daran, dass ein Teilnehmer für ein Hotel den Namen, die Straße, die Hausnummer, die Telefonnummer, die Faxnummer sowie e-Mail-Adresse und URL der Webseite benötigt. Eine Bemerkung zu diesem Hotel sowie die Anzahl der Sterne wären von Vorteil.

Damit Sie Ihren Teilnehmern auch Urkunden ausstellen können, die die Teilnahme an einzelnen Kursen bescheinigen, müssen Sie Name, Vorname, Geburtsdatum, Geburtsort, Wohnort für jeden Teilnehmer speichern. Das Geschlecht der Teilnehmer benötigen sie zur Planung der Kurse.

7.2   SQL

Gegeben ist das Datenmodell in Abb. 76 auf Seite 141. Mittels SQL-Statements, die auf einer Datenbank, der das Datenmodell zugrunde liegt, ausgeführt werden, sollen die folgenden Informationen extrahiert werden.

1.) Zeigen Sie alle Informationen der weiblichen Mitarbeiter an.

2.) Zeigen Sie den Namen, Vornamen und die Tarifgruppe aller Mitarbeiter an. Hierbei benennen Sie das Attribut, das den Mitarbeiternamen aufnimmt in „Name" um.

3.) Zeigen Sie den Namen, Vornamen und die Tarifgruppe aller weiblichen Mitarbeiter an.

4.) Zeigen Sie, welcher Reiseveranstalter welche Ziele anbietet. Das Ergebnis soll die Reiseveranstalter-Bezeichnung und Zielbezeichnung (Attribut Reiseziel der Tabelle Ziel) beinhalten.

5.) Zeigen Sie, von welchem Reiseveranstalter (der aber Reisen anbietet) keine Reise gebucht wurde!

6.) Wie hoch ist der Durchschnittspreis aller Reisen? Das Ergebnis soll im Attribut „Durchschnittspreis" (umbenennen!) angezeigt werden.

7.) Geben Sie die Anzahl der Reisen an, die die einzelnen Reiseveranstalter anbieten. Das Ergebnis soll die Reiseveranstalter-Bezeichnung und das Attribut „AnzahlReisen" beinhalten.

8.) Welche Reisen sind teurer als der Durchschnittspreis aller Reisen?

9.) Zeigen Sie die Mitarbeiter mit ihren Vorgesetzten! Zeigen Sie hierbei die Mitarbeiternummer, den Mitarbeiternamen und den Vorgesetzten mit seinem Namen im Feld „Vorgesetzter". (Tipp: Hier müssen Sie ein und dieselbe Tabelle mit sich selber „joinen". Hierzu ist es notwendig, im Join die Tabelle einmal umzubenennen: Mitarbeiter AS Mitarbeiter_1)

10.) Wie viel Kunden kommen aus den einzelnen Orten? Zeigen Sie den Ort (mit Bezeichnung) und die Anzahl der Kunden.

11.) Welche Abteilung hat mit welchen Reiseveranstaltern zu tun? Anzeige von Reiseveranstalter-Bezeichnung und Abteilungsbezeichnung!

12.) Welche Kunden haben die gleiche Postleitzahl wie ein Reiseveranstalter. (Tipp: Hier müssen zwei Tabellen, die keine direkte Beziehung haben, über Attribute miteinander verknüpft werden)

13.) Wie viel Kunden werden durch die einzelnen Mitarbeiter betreut?

14.) Wie viel Reisen werden pro Kontinent angeboten? (Der Kontinent soll als Zahl angezeigt werden und steht im Attribut „Region" der Tabelle „Ziel". Bitte umbenennen in Kontinent). Das Ergebnis hat ein Feld mit dem Namen „AnzahlReisen" und eines mit dem Namen „Kontinent"!

15.) Wie viel Buchungen werden pro Kontinent durchgeführt? Anzeige der Anzahl und wiederum das Feld „Region" der Tabelle „Ziel".

16.) Welche Reisen gehen in den gleichen Kontinent, wie die Reise mit der Reisenummer 4. Zeigen Sie Ziel, Kontinent-Bezeichnung, die Reisenummer, den Preis und das Datum der Reise an!

17.) Wie groß ist der Gesamtwert aller gebuchten Reisen? Anzeige im Attribut „Gesamtwert"!

18.) Berechnen Sie den Mehrwertsteuerbetrag (19%) für alle Reisen. (Tipp: Die Berechnung ist für jede Reise durchzuführen.) Das neu zu berechnende Feld soll MwSt heißen.

19.) Wie groß ist der Gesamtbetrag der Mehrwertsteuer aller gebuchten Reisen?

20.) Zeigen Sie den Mitarbeiternamen, den Vornamen, die email das Geschlecht, die Tarifgruppe und die Abteilungsnummer der Mitarbeiter, die in der Abteilung arbeiten, deren Bezeichnung mit „Fern" beginnt. (Tipp: Die Bezeichnung steht im Feld „Beschreibung" der Tabelle „Abteilungen". Nutzen Sie LIKE...).

21.) Welcher Mitarbeiter betreut welchen Kunden. Die Attribute, die gezeigt werden sollen lauten „Mitarbeitervorname", „Mitarbeitername", „Kundenvorname", „Kundenname"

22.) Für eine Reise die Mehrwertsteuer berechnen. Dazu sollen Berechnungsausdrücke genutzt werden. Nun ändert sich der Mehrwertsteuersatz über die Zeit. Es ist zu überlegen, wie dieses berücksichtig werden kann. (Tipp: Es wird eine neue Tabelle mit Mehrwertsteuersätzen benötigt)

8   Anhang

8.1   Lösungen der Übungen

8.1.1   Übungen Kapitel 2
8.1.1.1   Aufgabe 2.6.1

Buchung

PK: BuchungsNr	Zahl	6
Datum	Date	
Mitarbeiter	Text	40
Kunde	Text	40
Reise	Text	40

Reiseveranstalter

PK: Reiseveranstalter Nr	Zahl	6
Bezeichnung	Text	40
PLZ	Zahl	
Ort	Text	40
Telefon	Text	40

8.1.1.2   Aufgabe 2.6.2

Abteilungen

PK: AbteilungsNr Zahl		6
Bezeichnung	Text	40
Beschreibung	Text	100
Bemerkung	Text	255

8.1.1.3   Aufgabe 2.6.3

Ein Primärschlüssel-Attribut darf in keinem Datensatz leer sein oder sich wiederholen. Ein Primarschlüssel muss für jede Tabelle definiert sein. Auch eine Kombination von Attributen ist als Primärschlüssel erlaubt.

8.1.1.4   Aufgabe 2.6.4

Die Zeilen entsprechen den Datensätzen, die Spalten werden durch die Attribute benannt.

8.1.2   Übungen Kapitel 3

8.1.2.1   Aufgabe 3.7.1

Es handelt sich um eine 1:n Beziehung zwischen Abteilung (Mastertabelle) und Mitarbeiter (Detailtabelle). Es wird auf der n-Seite der Beziehung (also in der Tabelle Mitarbeiter) ein Fremdschlüssel hinzugefügt, der den Primärschüssel der 1er-Seite (Tabelle Abteilung) referenziert. Wir nennen dieses Attribut Abteilung.

8.1.2.2   Aufgabe 3.7.2

Jason Wu. In der Tabelle Buchung ist nur einmal die Reise 3 gebucht worden (BuchungsNr 5). Die KundenNr 5 identifiziert in der Tabelle Kunden Jason Wu.

8.1.2.3   Aufgabe 3.7.3

Es ist kein Datensatz in der Tabelle Buchung mit dem Eintrag „1" im Feld Kunde vorhanden. Daher hat der Kunde mit der Kundennummer 1 noch keine Reise gebucht.

8.1.2.4   Aufgabe 3.7.4

Zwischen den Tabellen Mitarbeiter und Buchung besteht eine n:m Beziehung. Das bedeutet, dass eine Buchung von mehreren Mitarbeitern durchgeführt werden kann, und ein Mitarbeiter mehrere Buchungen bearbeiten darf.

8.1.2.5   Aufgabe 3.7.5

Reisen können aus Teilreisen, die ebenfalls buchbar sind, bestehen. Wenn eine Teilreise in mehreren Reisen vorkommen darf und eine Reise aus mehreren Teilreisen bestehen kann, liegt eine rekursive n:m Beziehung vor. Eine Auflösungstabelle ist notwendig, in der der Primärschlüssel von Reisen als Fremdschlüssel HauptreiseNr und TeilreiseNr vorkommt.

8.1.2.6   Aufgabe 3.7.6

Das bedeutet, dass im Attribut ReiseveranstalterNr der Tabelle Reisen nur Einträge vorhanden sein dürfen, die auch im Attribut ReiseveranstalterNr der Tabelle Reiseveranstalter vorhanden sind.

8.1.2.7   Aufgabe 3.7.7

Die Beziehungen zwischen Reisen und Reiseveranstalter, Buchung und Reisen und Mitarbeiter und Kunden, Ort und Reiseveranstalter sowie Ort und Kunden werden sinnvollerweise mit referentieller Integrität definiert

8.1.3   Übungen Kapitel 4

8.1.3.1   Aufgabe 4.5.1

1. Änderungen der Adresse z.B. des Reiseveranstalters "Schöne Ferien" muss in allen "Schöne Ferien"- Reisen durchgeführt werden (hier: Reise 1 und 3).

2. Einfügen einer neuen Reise von "Schöne Ferien", aber mit einer falschen PLZ von "Schöne Ferien". Nun liegen für Veranstalter 1 zwei verschiedene Anschriften vor.

3. Reise 4 wird aus dem Angebot genommen, damit aber leider auch die Informationen zu Reiseveranstalter 3 (hier: "Weit Weg").

8.1.3.2   Aufgabe 4.5.2

Sie deuten auf eine nicht korrekt aufgelöste n:m Beziehung hin. Abhilfe: neue Auflösungstabelle (vgl. Abb. 28, 29).

8.1.3.3   Aufgabe 4.5.3

Siehe Datenbankschema in 6.2.3.

8.1.3.4   Aufgabe 4.5.4

Anlegen einer neuen Tabelle Kontinent mit einer 1:n Beziehung zu Ziel. Siehe Datenbankschema in 6.2.3.

8.1.3.5   Aufgabe 4.5.5

Das letzte verbliebene Reiseziel in Australien wird aus der Tabelle gelöscht. Damit würde auch der Kontinent Australien (ggf. mit Zusatzinformationen) nirgends mehr auftauchen.

8.1.4   Übungen Kapitel 6

8.1.4.1   Aufgabe 6.3.1

```
SELECT      Mitarbeiter.Name

FROM  Mitarbeiter

WHERE       Mitarbeiter.Tarifgruppe = 'CD1';
```

8.1.4.2   Aufgabe 6.3.2

```
SELECT      Ziel.Reiseziel

FROM  Kontinent INNER JOIN Ziel

          ON Kontinent.Kontinent = Ziel.Region

WHERE       Kontinent.Bezeichnung='Afrika';
```

8.1.4.3   Aufgabe 6.3.3

Kunden, Buchung, Reisen, Ziel, Kontinent

8.1.4.4   Aufgabe 6.3.4

```
SELECT Kunden.KundenNr, Kunden.Kundenname

FROM    Kontinent INNER JOIN

        ( Ziel INNER JOIN

          ( Reisen INNER JOIN

            ( Kunden INNER JOIN Buchung

               ON Kunden.KundenNr=Buchung.KundenNr)

            ON Reisen.ReiseNr = Buchung.Reise)

          ON Ziel.ReisezielNr = Reisen.Ziel)

        ON Kontinent.Kontinent = Ziel.Region

WHERE   Kontinent.Bezeichnung='Nordamerika';
```

8.1.4.5 Aufgabe 6.3.5

```
SELECT ReiseNr, Preis,
       Preis*0.03 AS Provision

FROM   Reisen;
```

8.1.4.6 Aufgabe 6.3.6

```
SELECT Kontinent.Bezeichnung, COUNT(Ziel.ReisezielNr)

FROM   Kontinent LEFT JOIN Ziel

       ON Kontinent.Kontinent = Ziel.Region

GROUP BY Kontinent.Kontinent
```

8.2 Beispiele Minimalkardinalitäten

0,1:0,1

Eine Reise wird maximal einmal gebucht. Sie kann auch gar nicht gebucht werden.

Eine Buchung beinhaltet maximal eine Reise. Es gibt auch Buchungen, die keine Reise beinhalten.

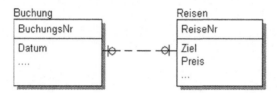

1,1:0,1

Eine Reise wird einmal gebucht. Nicht mehr und nicht weniger.

Eine Buchung beinhaltet maximal eine Reise. Es gibt auch Buchungen, die keine Reise beinhalten.

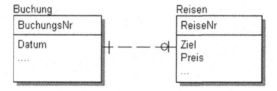

1,1:1,1

Eine Reise wird einmal gebucht. Nicht mehr und nicht weniger.

Eine Buchung beinhaltet maximal eine Reise. Es gibt keine Buchungen, die keine Reise beinhalten.

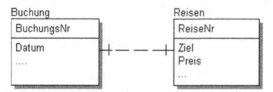

0,1:0,n

Eine Reise wird mehrfach gebucht. Sie kann auch gar nicht gebucht werden.

Eine Buchung beinhaltet maximal eine Reise. Es gibt auch Buchungen, die keine Reise beinhalten.

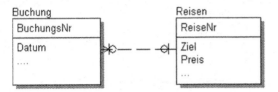

0,1:1,n

Eine Reise wird mehrfach gebucht. Sie muss mindestens einmal gebucht werden.

Eine Buchung beinhaltet maximal eine Reise. Es gibt auch Buchungen, die keine Reise beinhalten.

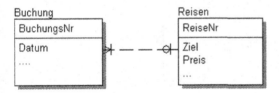

1,1:0,n

Eine Reise wird mehrfach gebucht. Sie kann auch gar nicht gebucht sein.

Eine Buchung beinhaltet maximal eine Reise. Es gibt keine Buchungen, die keine Reise beinhalten.

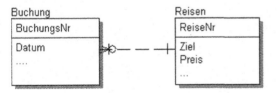

1,1:1,n

Eine Reise wird mehrfach gebucht. Sie muss mindestens einmal gebucht werden.

Eine Buchung beinhaltet genau eine Reise. (nicht mehr und nicht weniger)

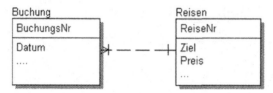

0,n:0,m

Eine Reise wird mehrfach gebucht. Es gibt auch Reisen, die gar nicht gebucht sind.

Eine Buchung beinhaltet mehrere Reise. Es gibt auch Buchungen, die keine Reise beinhalten.

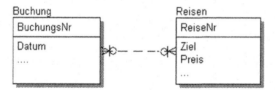

0,n:1,m

Eine Reise wird mehrfach gebucht. Es gibt auch Reisen, die gar nicht gebucht sind.

Eine Buchung beinhaltet mehrere Reise. Es keine Buchung, die keine Reise beinhaltet.

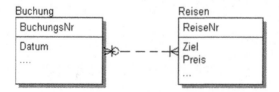

1,n:1,m

Eine Reise wird mehrfach gebucht. Es gibt keine Reisen, die gar nicht gebucht sind.

Eine Buchung beinhaltet mehrere Reise. Es gibt keine Buchungen, die keine Reise beinhalten.

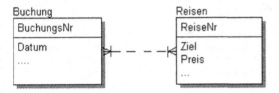

8.3 Datenmodell

8.3.1 Datenmodell Kapitel 2

Das Datenmodell nach Kapitel 2 besteht aus 6 Entitytypen. Abb. 74 zeigt diese Entitytypen als logisches Datenmodell. Die Informationen über die Datentypen und Datengrößen sind nicht sichtbar.

Abb. 74: ERM nach Kapitel 2

8.3.2 Datenmodell Kapitel 3

Das logische Datenmodell nach Kapitel 3 ist ohne Berücksichtigung der Minimalkardinalitäten in Abb. 75 zu sehen.

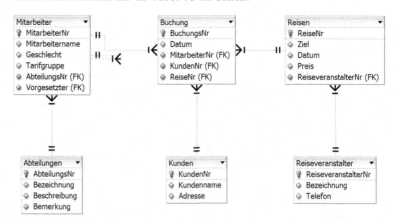

Abb. 75: ERM nach Kapitel 3 ohne Minimalkardinalitäten

8.3.3 Datenmodell Kapitel 4

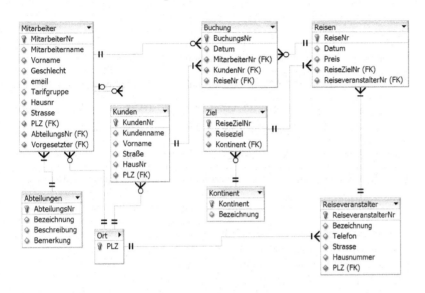

Abb. 76: logisches ERM nach Kapitel 4

8.4 Auswirkungen Minimalkardinalitäten

	binäre Beziehungstypen			rekursive Beziehungstypen	
	Beide Seiten Min-Kardinalität 1	Eine Seite Min-Kardinalität 1	Beide Seiten Min-Kardinalität 0	Beide Seiten Min-Kardinalität 1	Mind. eine Seite Min-Kardinalität 0
1:1	1	2	3	1	2
1:N	2	2	3	1	2
N:M	3	3	3	2	2

Abb. 77: Auswirkungen Minimalkardinalitäten auf die Tabellenanzahl

8.5   SQL-Befehl Beispiele

Sie finden hier alle SQL-Befehle zum Anlegen der Tabellen in einer Datenbank, wie in Abb. 76 beschrieben. Hierzu ist es notwendig, die Datenbank schon vorher erstellt zu haben. In Access können Sie die einzelnen SQL-Statements in einer Anfrage (Ansicht:SQL) eintragen. Aber nur jeden Befehl einzeln! In mySQL können Sie sämtliche Befehle auf einmal (Batch-Ausführung) ausführen. Einige Versionen von mySQL verstehen das Kommentarzeichen , nicht, so dass Sie dieses ggf. entfernen müssen.

```
--Erstellen der Tabelle Kontinent
CREATE TABLE Kontinent (
  Kontinent INTEGER NOT NULL,
  Bezeichnung VARCHAR(40) NOT NULL,
  PRIMARY KEY(Kontinent),
);


--Erstellen der Tabelle Ort
CREATE TABLE Ort (
  PLZ INTEGER NOT NULL,
  Ort VARCHAR(40) NOT NULL,
  PRIMARY KEY(PLZ),
);


--Erstellen der Tabelle Abteilung
CREATE TABLE Abteilungen (
  AbteilungsNr INTEGER NOT NULL,
  Bezeichnung VARCHAR(40) NOT NULL,
  Beschreibung VARCHAR(100) NOT NULL,
  Bemerkung VARCHAR(255) NOT NULL,
  PRIMARY KEY(AbteilungsNr),
);
```

```
--Erstellen der Tabelle Reiseveranstalter mit Referenz auf
--die Tabelle Ort
CREATE TABLE Reiseveranstalter (
  ReiseveranstalterNr INTEGER NOT NULL,
  Bezeichnung VARCHAR(40) NOT NULL,
  Telefon VARCHAR(40) NOT NULL,
  Strasse INTEGER UNSIGNED NULL,
  Hausnummer INTEGER UNSIGNED NULL,
  PLZ INTEGER NOT NULL,
  PRIMARY KEY(ReiseveranstalterNr),
  FOREIGN KEY(PLZ)
    REFERENCES Ort(PLZ)
      ON DELETE RESTRICT
      ON UPDATE CASCADE
);


--Erstellen der Tabelle Ziel mit Referenz auf
--die Tabelle Kontinent
CREATE TABLE Ziel (
  ReiseZielNr INTEGER NOT NULL,
  Reiseziel VARCHAR(50) NOT NULL,
  Kontinent INTEGER NOT NULL,
  PRIMARY KEY(ReiseZielNr),
  FOREIGN KEY(Kontinent)
    REFERENCES Kontinent(Kontinent)
      ON DELETE RESTRICT
      ON UPDATE CASCADE
);
```

```
--Erstellen der Tabelle Kunden mit Referenz auf
--die Tabelle Ort
CREATE TABLE Kunden (
  KundenNr INTEGER NOT NULL,
  Kundenname VARCHAR(50) NOT NULL,
  Vorname VARCHAR(50) NOT NULL,
  Straße VARCHAR(50) NOT NULL,
  HausNr VARCHAR(18) NOT NULL,
  PLZ INTEGER NOT NULL,
  PRIMARY KEY(KundenNr),
  FOREIGN KEY(PLZ)
    REFERENCES Ort(PLZ)
      ON DELETE NO ACTION
      ON UPDATE NO ACTION
);
--Tabelle Reisen mit entsprechenden Referenzen
CREATE TABLE Reisen (
  ReiseNr INTEGER NOT NULL,
  Datum DATETIME NOT NULL,
  Preis INTEGER NOT NULL,
  ReiseZielNr INTEGER NOT NULL,
  ReiseveranstalterNr INTEGER NOT NULL,
  PRIMARY KEY(ReiseNr),
  FOREIGN KEY(ReiseveranstalterNr)
    REFERENCES Reiseveranstalter(ReiseveranstalterNr)
      ON DELETE NO ACTION
      ON UPDATE NO ACTION,
  FOREIGN KEY(ReiseZielNr)
    REFERENCES Ziel(ReiseZielNr)
      ON DELETE RESTRICT
      ON UPDATE CASCADE
);
```

```
--Erstellung der Tabelle Mitarbeiter
CREATE TABLE Mitarbeiter (
  MitarbeiterNr INTEGER NOT NULL,
  Mitarbeitername VARCHAR(50) NOT NULL,
  Vorname VARCHAR(18) NOT NULL,
  Geschlecht VARCHAR(1) NOT NULL,
  email VARCHAR(50) NOT NULL,
  Tarifgruppe VARCHAR(3) NOT NULL,
  Hausnr INTEGER UNSIGNED NULL,
  Strasse VARCHAR(50) NULL,
  PLZ INTEGER NOT NULL,
  AbteilungsNr INTEGER NOT NULL,
  Vorgesetzter INTEGER NOT NULL,
  PRIMARY KEY(MitarbeiterNr),
  FOREIGN KEY(AbteilungsNr)
    REFERENCES Abteilungen(AbteilungsNr)
      ON DELETE RESTRICT
      ON UPDATE CASCADE,
  FOREIGN KEY(Vorgesetzter)
    REFERENCES Mitarbeiter(MitarbeiterNr)
      ON DELETE RESTRICT
      ON UPDATE CASCADE,
  FOREIGN KEY(PLZ)
    REFERENCES Ort(PLZ)
      ON DELETE RESTRICT
      ON UPDATE CASCADE
);

--Letzte anzulegende Tabelle: Buchung
CREATE TABLE Buchung (
  BuchungsNr INTEGER NOT NULL,
  Datum DATETIME NOT NULL,
  MitarbeiterNr INTEGER NOT NULL,
  KundenNr INTEGER NOT NULL,
  ReiseNr INTEGER NOT NULL,
  PRIMARY KEY(BuchungsNr),
  FOREIGN KEY(ReiseNr)
    REFERENCES Reisen(ReiseNr)
      ON DELETE RESTRICT
```

```
            ON UPDATE CASCADE,
       FOREIGN KEY(MitarbeiterNr)
         REFERENCES Mitarbeiter(MitarbeiterNr)
            ON DELETE RESTRICT
            ON UPDATE CASCADE,
       FOREIGN KEY(KundenNr)
         REFERENCES Kunden(KundenNr)
            ON DELETE NO ACTION
            ON UPDATE NO ACTION
  );
```

8.6 Glossar

Attribut

Eine Eigenschaft, die einen Entitytypen näher beschreibt. Entspricht einer Spalte in einer Tabelle.

Attributsausprägung

Eine Attributsausprägung ist der Wert eines Attributs in einem Datensatz.

Beziehung

Abhängigkeit zwischen Entitytypen (Tabellen). Datensätze einer Tabelle können bestimmten Datensätzen einer anderen Tabelle zugeordnet werden.

Beziehungstyp

Ausprägung einer →Beziehung. Die Art der Beziehung (1:1, 1:n oder n:m) legt den Beziehungstypen fest.

Datensatz

Ein Datensatz entspricht einem Entity. Er bildet eine Zeile in der Datenbanktabelle und wird durch die einzelnen →Attributsausprägungen bestimmt.

DBMS

Datenbankmanagementsystem. Ein Informatik-Werkzeug zur effizienten physischen Datenorganisation und –verwaltung.

Detailtabelle

An einer Beziehung beteiligte Tabelle. Die Detail-Tabelle ist die Tabelle, auf der 'n'-Seite einer Beziehung.

Entity

Ein Entity ist ein Informationsobjekt. Es beschreibt typischerweise Individuen, realen Objekte, abstrakte Konzepte und Ereignisse. Ein Beispiel ist 'der blaue Volkswagen Passat CC mit dem KFZ Kennzeichen WOB - F 7890'. Die für die Anwendung relevanten →Attributsausprägungen des Entity werden in einem Feld eines →Datensatzes abgelegt.

Entitytyp

Ein Entitytyp ist die Gesamtheit aller in ihrer Datenstruktur gleichartigen Informationsobjekte. So können verschiedene konkrete Autos unter dem Entitytypen 'Auto' zusammengefasst werden.

ERM

Entity Relationship Model. Modell, das die Datenstruktur der Datenbank beschreibt. Stellt →Entitytypen und die Beziehung zwischen diesen dar.

Fremdschlüssel

Attribut eines →Entitytypen, das sich auf den >Primärschlüssel eines anderen Entitytypen bezieht.

Integrität

Integrität bedeutet Korrektheit oder Konsistenz. Für Datenbanken bedeutet dieses, dass keine widersprüchlichen Daten (Inkonsistenzen) in der Datenbank gespeichert werden dürfen.

Join

Verbindung zwischen zwei Tabellen über den Vergleich von →Attributausprägungen ihrer →Datensätze.

Mastertabelle

An eine Beziehung beteiligte Tabelle. Die Mastertabelle ist die Tabelle auf der '1er'-Seite einer →Beziehung.

Normalisierung

Normalisierung bedeutet das Aufteilen von Daten in verschiedene Tabellen mit dem Ziel der Optimierung der Datenbank und der Vermeidung von Update-Problemen. Hierzu gibt es mehrere Formen der Normalisierung (hier wurden die Normalformen 1NF, 2NF und 3NF eingeführt).

NULL-Wert

Die 'leere' →Attributsausprägung wird als NULL-Wert bezeichnet.

Primärschlüssel

Spezielles →Attribut oder Attribut-Kombination, dessen Ausprägungen eindeutig jeweils einen →Datensatz adressieren.

Relationales DBMS

Ein Relationales ->DBMS ist ein System, das die Daten gemäß der im relationalen Modell beschriebenen Anforderungen verwaltet. Einige Beispiele sind ORACLE ©, DB2©, Microsoft © SQL-Server, Microsoft © Access, MySQL, dBase, Filemaker ©,

SQL

Structured Query Language (strukturierte Anfragesprache). Sprache zur Definition, zum Zugriff und zur Verwaltung von Daten in der → relationalen Datenbank

Werteberech

Unter einem Werteberech eines →Attributs versteht man die Menge möglicher →Attributsausprägungen. Er wird durch einen Datentypen beschränkt (z.B. 'Ganze Zahlen', 'Text', ...).

8.7 Index

Abbildungsverzeichnis

Verzeichnis Codebeispiele

Literaturverzeichnis

Dieses Buch vermittelt einen Einstieg in die Entwicklung von Datenbankanwendungen. Aus der Fülle von weiterführender Literatur möchten wir einige Werke herausgreifen.

Eine sehr umfassende und kompetente Anleitung für das Arbeiten mit Datenbanken und über SQL findet sich in [Edwin Schicker, *Datenbanken und SQL, 3.* Auflage, Teubner Verlag, 2000]. Hier werden auch Hinweise auf die technischen Konzepte und Mechanismen, die DBMS zugrunde liegen, leicht verständlich vermittelt. In [Andreas Heuer, Gunter Saake, *Datenbanken - Konzepte und Sprachen*, 3. Auflage, mitp-Verlag, 2007] wird in den theoretischen Hintergrund der relationalen Datenbanksysteme eingeführt. Einen umfassenden Blick auf die Datenverarbeitung, auch außerhalb der relationalen Datenbanksysteme, bietet [Zehnder, *Informationssysteme und Datenbanken*, 8. unveränderte Auflage, Vdf Hochschulverlag, 2005].

Vertiefende Literatur zum Thema SQL bietet auch [Chris J. Date, Hugh Darwen, *SQL-Der Standard*, 3. Auflage, Addison Wesley, 1998]. Dieses Buch ist aber nicht mehr für den Anfänger geeignet, sondern dient dem vertieften Studium der Sprache SQL. Mehr über Architektur und die Sicherheit von Datenbanksystemen sowie Optimierungen bietet [Chris J. Date, *Introduction to Database Systems*, 8th Edition, Pearson, 2004]. Aber auch hier gilt, dass dieses Buch demjenigen zu empfehlen ist, der nun ein wenig Appetit auf Datenbanken hat und gerne mehr detailliertes Wissen erfahren möchte. Gleiches gilt für [Ramez Elmasri, Shamkant B. Navathe, *Grundlagen von Datenbanksystemen*, 3.Auflage, Pearson Studium, 2002]

Aus dem Programm Informatik

Cornelia Heinisch / Frank Müller-Hofmann / Joachim Goll
Java als erste Programmiersprache
Vom Einsteiger zum Profi
5., überarb. u. erw. Aufl. 2007. XVI, 1235 S. mit 242 Abb.
Aufgaben CD-ROM mit Lösungen Geb. EUR 35,90
ISBN 978-3-8351-0147-0

Mit Java hat sich in der Industrie eine Programmiersprache durchgesetzt, die
weit über die Konzepte traditioneller Programmiersprachen hinausgeht.
Dieses Buch setzt keine Kenntnisse in anderen Programmiersprachen voraus,
sondern richtet sich an jene Schüler, Studenten und Praktiker, die nicht nur
in Java schnuppern, sondern die Grundlagen von Java und vielleicht auch
schon die fortgeschrittenen Themen professionell erlernen wollen. Behandelt
werden alle grundlegenden Sprachmittel, die zur Erstellung von Java-
Programmen erforderlich sind. Alle zum Verständnis erforderlichen
Hintergrundinformationen werden anschaulich und präzise dargestellt.

Manfred Dausmann / Ulrich Bröckl / Joachim Goll
C als erste Programmiersprache
Vom Einsteiger zum Profi
6., überarb. Aufl. 2008. XIII, 587 S. mit 149 Abb. CD-ROM Geb. EUR 24,90
ISBN 978-3-8351-0222-4

Durch den Aufschwung der Programmiersprachen C++ und Java, die auf C basie-
ren, hat auch die Bedeutung von C extrem zugenommen. Der Anfangsunterricht
in C als erste Programmiersprache an Fachhochschulen und Gymnasien kann mit
diesem Lehrbuch leicht verständlich und dennoch äußerst präzise gestaltet werden. Anfängern in C werden die Grundlagen vermittelt und darüber hinaus ein
detaillierter Einstieg in die professionelle Programmierung und Projektab-
wicklung mit C geboten. Ergänzt wird das Lehrbuch durch eine CD-ROM, die
nicht nur Beispiele und Lösungen der Übungsaufgaben enthält, sondern auch
kostenlos den Microsoft-Compiler Visual C++.

VIEWEG+ TEUBNER

Abraham-Lincoln-Straße 46
65189 Wiesbaden
Fax 0611.7878-400
www.viewegteubner.de

Stand Juli 2009.
Änderungen vorbehalten.
Erhältlich im Buchhandel oder im Verlag.

Aus dem Programm Informatik

Boles, Dietrich / Boles, Cornelia

**Objektorientierte Programmierung spielend gelernt
mit dem Java-Hamster-Modell**

2., überarb. u. erw. Aufl. XII, 523 S. mit 93 Abb. Br. EUR 36,00

ISBN 978-3-8348-0802-8

Bei der Entwicklung von Computerprogrammen haben sich inzwischen sowohl im Ausbildungsbereich als auch in der Industrie objektorientierte Programmiersprachen durchgesetzt, insbesondere die Programmiersprache Java. Dieses Buch vermittelt ausführlich und anhand vieler Beispiele alle wichtigen Konzepte der objektorientierten Programmierung mit Java. Grundlage des Buches ist dabei ein spezielles didaktisches Modell, das "Hamster-Modell". Dieses ermöglicht Programmieranfängern einen spielerischen Zugang zu der doch eher technischen Welt der Programmierung: Der Programmierer steuert virtuelle Hamster durch eine virtuelle Landschaft und lässt sie dabei bestimmte Aufgaben lösen.

Boles, Dietrich

Programmieren spielend gelernt mit dem Java-Hamster-Modell

4., überarb. Aufl. 2008. XIV, 368 S. Mit 190 Abb. Br. EUR 24,90

ISBN 978-3-8351-0194-4

Mit dem Hamster-Modell wird Programmieranfängern ein einfaches aber mächtiges Modell zur Verfügung gestellt, mit dessen Hilfe Grundkonzepte der Programmierung auf spielerische Art und Weise erlernt werden.

Boles, Dietrich

**Parallele Programmierung spielend gelernt
mit dem Java-Hamster-Modell**

Programmierung mit Java-Threads

2008. XII, 452 S. mit 66 Abb. Br. EUR 34,90

ISBN 978-3-8351-0229-3

Das Buch behandelt die wesentlichen Konzepte der parallelen Programmierung, d. h. der Entwicklung nebenläufiger Systeme. Es orientiert sich dabei am Thread-Konzept der Programmiersprache Java. Das Hamster-Modell ermöglicht Programmieranfängern einen spielerischen Zugang zu der doch eher technischen Welt der Programmierung, indem sie virtuelle Hamster durch eine virtuelle Landschaft steuern und dabei bestimmte Aufgaben lösen lassen.

**VIEWEG+
TEUBNER**

Abraham-Lincoln-Straße 46
65189 Wiesbaden
Fax 0611.7878-400
www.viewegteubner.de

Stand Juli 2009.
Änderungen vorbehalten.
Erhältlich im Buchhandel oder im Verlag.